Ein kulinarisches Rendezvous mit Deutschland

100 erlesene Rezepte

Roland Gööck

Ein kulinarisches Rendezvous mit Deutschland

100 erlesene Rezepte

MIRA

D-7118 Künzelsau, Maybachstraße 6

Printed in Germany
Projektleitung:
Rudolf Werk
Einbandgestaltung und Layout:
Eric Peters
Reproduktionen:
Wehrle Repro, Freiburg
Satz:
Setzerei Lihs, Ludwigsburg
Druck:
J. Fink, Ostfildern
Papier:
135 g/qm BVS der Papierfabrik
Scheufelen, Lenningen
Einbandarbeiten:
Großbuchbinderei Gebhardt,
Ansbach

Inhalt

Begegnungen mit der deutschen Küche

Die meisten Ausländer stellen sich die deutsche Küche als eine endlose Folge von Würstchen und Sauerkraut vor, deren erhabenen Höhepunkt ein Sauerbraten mit Klößen bildet«, vermerkte Nika Standen Hazelton in dem Time-Life-Buch »Die Küche in Deutschland« und fuhr fort: »... wobei jedes Gericht mit Bier aus großen Krügen heruntergespült wird, die von strammen Maderln geschwungen werden, während die Kapelle ›hum-ta-ta, hum-ta-ta‹ spielt.«
An Ort und Stelle zeigt sich dann sehr bald, daß es sich so nicht verhält, wenn auch Würstchen, Sauerkraut, Sauerbraten und Bier durchaus ihre Rolle spielen. Jedoch – welche Küche ist nun wirklich die eigentliche deutsche? Findet sie sich in den Töpfen der dreigestirnten Feinschmeckerrestaurants? In den Kantinen der großen Betriebe, die nun schon jedem zweiten Deutschen arbeitstäglich zu einem Mittagsmahl verhelfen? Oder in den Imbißbetrieben unterschiedlicher Art mit ihren Currywürstchen, Burgers, Pommes frites, verkleistert mit Bergen von Mayonnaise oder Tomatenketchup?
Die letzte Möglichkeit: Die deutsche Küche findet in den Familienküchen statt. Denn die Dreisternküche ist eine Ausnahmeerscheinung, die Kantinen können nicht über ihren Schatten springen, über die Imbißbetriebe schweigt des Sängers Höflichkeit.
Nun müßte man nur noch wissen, was denn deutsche Frauen und Männer am liebsten kochen und essen. Umfragen zu diesem Thema werden häufig veranstaltet. Dabei zeigt sich, daß immer wieder regionale Spezialitäten als Leibgerichte genannt werden: Eisbein mit Sauerkraut, Sauerbraten mit Klößen, Brathähnchen, Grünkohl mit Kasseler, auch Schnitzel und Rouladen. Nur die Favoriten wechseln. Jahrelang stand der Sauerbraten einsam an der Spitze. Dann wurde er vom Zigeunerschnitzel knapp überholt. Nach der jüngsten Befragung schob sich die Rindsroulade in den Vordergrund, gefolgt von Gulasch, Brathähnchen und Sauerbraten.
Nicht sehr phantasievoll, werden Sie sagen. Aber als vor einigen Monaten ein Ernährungswissenschaftler der Universität Gießen den deutschen Hausfrauen bescheinigte, ihr Rezeptrepertoire reiche bestenfalls aus, um einen Monat lang jeden Tag etwas anderes auf den Tisch zu bringen, erhob sich bundesweit ein Sturm der Entrüstung: Der Herr müsse sich geirrt haben, und überdies verhalte sich das alles ganz anders.
Umfrageprobleme hin, Rezeptschelte her – wie man es auch betrachtet, eines kristallisiert sich immer wieder heraus: Die traditionellen Küchengeheimnisse der deutschen Landschaften sind, trotz *nouvelle cuisine*, so aktuell wie eh und je. Mehr noch: Die deutsche Küche hat eindeutig an Ansehen und Beliebtheit gewonnen. Der Trend zur rustikalen Küche beeinflußt nicht nur die häusliche Kochkunst, er findet auch auf den Speisekarten vieler guter Restaurants zwischen Flensburg und Garmisch seinen Niederschlag.
Überdies haben die Umfragen bestätigt, was den Fachleuten längst klar war: Es gibt keine einheitliche deutsche Nationalküche, sondern eine Vielzahl landschaftsgebundener Küchen, deren Eigenheiten sich zwischen Hamburg und München fast so stark voneinander unterscheiden wie etwa die schwedische Küche von der spanischen.
Die deutsche Küchengeographie zeichnet sich durch Vielseitigkeit und Originalität aus. Einflüsse der unterschied-

lichsten Art mußten wirksam werden, um die Lieblingsgerichte der Deutschen zu formen. Die Basis war ursprünglich das lokale Angebot an Fleisch, Wild, Fisch, Gemüse, Obst. Heute ist vieles davon überall und zu jeder Jahreszeit erhältlich. Trotzdem blieben die meisten Rezepte lokal gebunden, auch wenn dazu gar keine Notwendigkeit mehr besteht.

Die falsche Einschätzung der deutschen Küche durch Ausländer ist übrigens keine moderne Entwicklung. Schon der Römer Tacitus setzte Falschmeldungen in die Welt, was die Küche der Germanen betraf. Nach seiner Überzeugung ernährten sich die nördlichen Nachbarn der Römer vorwiegend von Wildbret, rohen Früchten, saurer Milch und luftgetrockneten Fladen aus zerstampften Weizenkörnern.

Aber was aßen die Germanen wirklich? Zu jedem Haushalt gehörte eine Quetschmühle, mit deren Hilfe der tägliche Mehlbedarf bereitet wurde. Das Mehl wurde in erster Linie zu Brei verarbeitet. Nur aus einem kleinen Teil entstanden Fladen, die zwischen heißen Steinen gebacken wurden. Wildbret war in der Hauptsache dem Herrentisch vorbehalten. Aber die Germanen kannten schon die Schweinemast und befaßten sich später auch mit dem Mästen von Kälbern, Rindern, Schafen und Vögeln. Zur römischen Kaiserzeit wurden germanische Schinken nach Rom exportiert. Fische, Hühner- und Möweneier, Kuh- und Ziegenmilch waren bekannt, ebenso Käse, über den schon Cäsar in seiner Geschichte des Gallischen Krieges berichtete. Kraut und Rüben, meist zu Mus gekocht, waren an der Tagesordnung, in großem Umfang auch Hülsenfrüchte. Das Sauerkraut importierten die Germanen aus Rom, ebenso die Kunst des Salatmachens und des Würzens. Obst und Beerenfrüchte wurden frisch, mit Honig gekocht oder auch gedörrt, verspeist. Seit vorgeschichtlicher Zeit schon war das Bier hierzulande bekannt.

Auch bei den Germanen wirkten sich Einflüsse aus Nachbarländern (oder durch Besatzungstruppen) auf die Entwicklung der Ernährung aus. Dabei blieb es bis in unsere Tage. Viele altbayerische Rezepte sind auch in Österreich zu finden. Die böhmische Knödelküche beeinflußte Niederbayern und die Oberpfalz. Schlesien ließ sich von polnischen Küchentraditionen anregen. Holländische und belgische Rezepte finden sich im Rheinland und in Niedersachsen wieder. Baden und die Pfalz übernahmen Anregungen aus Frankreich und der Schweiz. In den meisten Fällen dauerte es lange, bis sich die Rezepte aus den Nachbarländern einbürgerten. Fast immer wurden sie einheimischen Vorstellungen angepaßt. Nach dem Einschmelzungsprozeß war oft nicht mehr zu erkennen, auf welche ursprüngliche Idee eine bestimmte Speise eigentlich zurückzuführen war.

Daneben wirkten sich aber auch Vermischungen und Überschneidungen innerhalb der deutschen Küchenlandschaften aus. Daß sich daraus keine Vereinheitlichung und Verflachung ergab, ist erfreulich und erstaunlich. Aber gerade der rustikale Trend in den deutschen Eßgewohnheiten beweist ja, daß Omas Küche keineswegs untergeht, sondern in verfeinerter, weitgehend auf heutige Ernährungsgrundsätze abgestimmter Form fröhliche Urständ feiert. Eine Auswahl aus dem Rezeptschatz der deutschen Landschaften ist auf den folgenden Seiten zu finden. Verlag und Autor wünschen Ihnen dazu guten Appetit.

Hamburg und Schleswig-Holstein

Hausfrau und Koch können in der traditionsreichen Hansestadt Hamburg ebenso wie im »meerumschlungenen« nördlichsten Bundesland, Schleswig-Holstein, aus dem vollen schöpfen. Es wächst und gedeiht alles vor der Haustür, was man sich für eine reichhaltige Küche nur wünschen kann.
Obst und Gemüse kommen von den fruchtbaren Marschen. Das Alte Land zwischen Hamburg und Stade ist Deutschlands größter Obstgarten. Die Vierlande, Hausgarten der Hansestadt, liefern nicht nur zahlreiche Obst- und Gemüsesorten, sondern sind auch berühmt für ihre Geflügelzucht. Hier wachsen die Stubenküken auf, die Vierländer Enten und Truthähne.
Für den Speisezettel nicht weniger bedeutungsvoll sind die Ställe und Weiden Schleswig-Holsteins. Die großen Rinderherden sorgen für die prächtigen Kluftsteaks und andere fleischliche Herrlichkeiten. Sie sind auch die Basis für das weithin gerühmte Rauchfleisch, hergestellt aus gepökeltem, mit dem Holz der Kopfweiden geräucherten Rindfleisch.
Noch beliebter aber ist der Holsteiner Katenschinken. Das Schweinefleisch wird zu seiner Herstellung trocken gepökelt. Danach muß der Schinken einige Wochen lang bei gleichmäßiger Temperatur »durchbrennen«. Die anschließende Kalträucherung dauert mindestens vier Wochen. Katenschinken ist in der ganzen Welt berühmt. Theodor Storm, geboren in Husum, hielt ihn für eines der drei rühmenswerten Dinge seiner Heimat. Die beiden anderen: frische Luft und hübsche Mädchen.
Zu den Grundlagen Obst, Gemüse und Schlachtfleisch gesellt sich die Ernte des Meeres. Der Hering steht hoch im Kurs. Kieler Sprotten schätzt man in der ganzen Welt, ebenso Bücklinge. Die meisten Räucherfische kommen aus Eckernförde und Kappeln. Bratheringe, Rollmöpse und Krabben werden hier für das Binnenland marktgerecht verarbeitet. Auf Helgoländer Hummer schwören die Feinschmecker nicht nur an der Küste – freilich sind die Bestände heute längst nicht mehr so bedeutend wie vor Jahrzehnten.
Zu den Visitenkarten Schleswig-Holsteins gehört auch das Lübecker Marzipan. Es wurde in der Hansestadt schon vor über 400 Jahren hergestellt. Seinen Weltruf verdankt es den Impulsen, die der Ulmer Wanderbursche Georg Niederegger zu Beginn des 19. Jahrhunderts der Lübecker Zuckerbäckerei verlieh. Für Marzipan war auch der Lübecker Thomas Mann zu begeistern, der es als »Haremskonfekt« bezeichnete.
Bei einer solchen Vielseitigkeit der kulinarischen Grundlagen ist es kein Wunder, daß sich in Hamburg und Schleswig-Holstein eine Küche heranbildete, die Weltoffenheit mit Bodenständigkeit verbindet. Hier kann man sich, je nach Gusto, ebenso an einer köstlichen Hummermayonnaise erfreuen wie an Zusammengekochtem aus Bohnen, Birnen und Speck, an Labskaus aus der Seemannsküche oder der komplizierten Hamburger Aalsuppe. Kluftsteaks und Vierländer Mastente haben ihre Liebhaber, aber auch Schweinerippchen mit einer Apfelfüllung oder ein zünftiger Dithmarscher Mehlbeutel, in der Serviette gekocht.
Zu den Süßspeisen gehört vor allem die weit verbreitete rote Grütze, an Ort und Stelle »rode Grütt« genannt und in vielen Variationen anzutreffen. Erst vor einigen Monaten entbrannte eine heftige Auseinandersetzung der Experten darüber, ob der Hamburger Kochvorschrift für rote Grütze der Vorzug

zu geben sei oder der Bremer Variante. Zwei hochrangige Politiker riefen einen leibhaftigen Professor, Heinz Maier-Leibniz, den einstigen Präsidenten der Deutschen Forschungsgemeinschaft und begabten Koch, als Schiedsrichter an. Nach vielen Testessen stand fest: Hamburger rote Grütze ist die beste. Seitdem können Hamburgs Feinschmecker wieder ruhiger schlafen.

Mancherlei originelle Rezepte kommen aus dem hohen Norden Deutschlands. Nur die »Hamburger« genannten Frikadellen aus purem Rinderhackfleisch, verpackt zwischen zwei Hälften eines weichen Brötchens, stammen nicht aus Hamburg – hier heißen Zubereitungen dieser Art schlicht »Hacksteak«. Die »Hämbörger« sind mit Sicherheit amerikanischen Ursprungs.

Das Land an der Küste kann auch ein gewichtiges Wort mitreden, wenn es um Getränke geht. Flensburg ist beispielsweise die deutsche Rumhauptstadt. Über ein halbes Dutzend wohlrenommierter Rumhandelshäuser importieren den westindischen Piratenschnaps und bereiten ihn für deutsche Kehlen auf. Unter den Schnäpsen auf Getreidebasis spielt der Aquavit die größte Rolle. In Hamburg gehört duftender Köhm (Kümmelschnaps) zur Getränketradition. Hier wie im ganzen Küstenbereich ist aber auch der Rotwein beliebt, vor allem der aus Frankreich importierte, der im Seeklima ideale Lagerbedingungen vorfindet.

So ist Rotspon in diesem Landstrich nicht nur etwas für alte Knaben.

Der kritische Heinrich Heine vermerkte über Hamburg: »Seine Sitten sind englisch, sein Essen ist himmlisch.« Kein Wunder, daß in früheren Zeiten manchmal etwas zuviel des Guten getan wurde. Anno 1609 sah sich der Rat der Stadt veranlaßt, »wider die Völlerey« aufzutreten. Zu einer kompletten Hochzeit dürften hinfüro, so verfügte der Rat, nicht mehr als 240 Gäste eingeladen werden. Kein Gast sollte länger bleiben als bis zwei Uhr nachts – wer es dennoch tat, hatte einen Taler Strafe zu zahlen.

Prominente »Nordlichter«, die in die Küchengeschichte eingingen, waren unter anderem Fürst Otto von Bismarck, der für Hamburger Aalsuppe schwärmte, und Matthias Claudius, als Journalist Herausgeber des »Wandsbekker Bothen«, dem die schleswig-holsteinischen Eintopfgerichte besonders am Herzen lagen.

125 g getrocknete Apfelringe
125 g Backpflaumen, ¼ l Weißwein
1 EL Zucker, etwas Zitronenschale
1 Schinkenknochen, 2 Mohrrüben
½ Sellerieknolle, ½ Kohlrabi
1 Petersilienwurzel, 1 Zwiebel
½ Bund Petersilie, 100 g TK-Erbsen
je 1 TL Thymian, Estragon und Salbei
500 g frischer Aal, Salz, 1 Zwiebel
5 Pfefferkörner, 2 Nelken
⅛ l Essig, 30 g Butter, 15 g Mehl

Für die Schwemmklößchen:
⅛ l Milch, Salz, 20 g Butter
65 g Mehl, 1 Ei, geriebene Muskatnuß

Trockenobst über Nacht einweichen, am nächsten Tag abgießen, mit Wein, Zucker und Zitronenschale aufkochen und 20 Minuten ziehen lassen.
Schinkenknochen mit gut 1 l Wasser aufkochen, 2 Stunden bei Mittelhitze ziehen lassen. Nach 100 Minuten geputztes und feingeschnittenes Gemüse, TK-Erbsen (unaufgetaut) und Kräuter dazugeben und mitkochen, dann den Knochen herausnehmen.
Aal abziehen, ausnehmen und in 3 cm lange Stücke schneiden. In leicht gesalzenem Wasser mit geschnittener Zwiebel, Gewürzen und Essig aufkochen und den Fisch in 20 Minuten garen, dann warm stellen. Butter mit Mehl verkneten, stückchenweise in die Schinkenbrühe geben, umrühren und 8 Minuten durchkochen.
Schwemmklößchen: Milch mit Salz und Butter aufkochen, das Mehl hineingeben und zum Kloß rühren. Von der Brennstelle nehmen, das Ei hineinrühren, mit Muskat würzen. Klößchen abstechen und in der Schinkenbrühe garen. Trockenobst, Saft und abgetropfte Aalstücke mit der Schinken-Gemüse-Suppe vermengen. Nochmals kurz erhitzen und abschmecken, heiß mit Bauernbrot servieren.

Hamburger Aalsuppe

Die Hamburger Aalsuppe, heute National- und Renommiersuppe der Hansestadt, teilt die suppenessende Menschheit in zwei Gruppen: in solche Mitmenschen, die sie leidenschaftlich ablehnen, und in andere, nicht nur in Hamburg beheimatete, die ihr ebenso leidenschaftlich verfallen sind. Die Geschichte der Aalsuppe ist noch nicht erforscht. Nüchterne Kochkunsthistoriker halten sie für eine friesische, jedenfalls nicht für eine Hamburger Erfindung. Daß der berüchtigte Seeräuber Klaus Störtebeker, 1401 in Hamburg hingerichtet, die Mischung aus Gemüse und Obst, Kräutern und Schinkenknochenbrühe, Aalstückchen und Schwemmklößchen einst in den Hamburger Hafenkneipen bekannt gemacht habe, ist ein durch nichts bewiesenes Gerücht. Überdies gibt es in Hamburg ja auch noch eine nach Störtebeker benannte Fischsuppe, die allerdings lange nach dessen Zeit erst auftauchte.
Das älteste Rezept für Aalsuppe fand sich in der Bibliothek des Autors in dem von Louise Richter 1845 herausgegebenen Minibändchen »Die kleine hamburger Köchin«. Die kocherprobte Dame hielt sich nicht lange mit einem Schinkenknochen auf. Sie schrieb eine Grundbrühe aus sechs Pfund Rindfleisch vor und tat ziemliche Mengen Essig in den Aaltopf. Im übrigen hat ihr Rezept schon alle Kennzeichen der Aalsuppe von heute.
Sie können die Aalsuppe auch ohne Aal kochen – möglicherweise ist das sogar die Urfassung. Im Hamburg von heute wird sie »Saure Suppe« oder »Verlorene Aalsuppe« genannt. Aal ist und war schon immer eine nicht gerade preiswerte Zutat. Und überdies ist nicht von der Hand zu weisen, daß die Bezeichnung »Aalsuppe« gar nicht von dem schlangengleichen Fisch abstammt, sondern von der Tatsache, daß in dieser Suppe »alles drin« (ahl binn) ist. Wir hätten es dann ursprünglich mit einem Eintopf zu tun, für den die Hausfrau alles verwendete, was – der Jahreszeit entsprechend – gerade zur Hand war. In die gutbürgerliche Küche zog die Suppe dann erst später ein. Daß sie dort eine große Rolle spielte, belegt die Nachricht, daß es bei hochfeinen Essen den Herren erlaubt war, nach dem zweiten Teller Aalsuppe das Frackjackett auszuziehen.

250 g Kieler Sprotten
40 g Butter
weißer Pfeffer aus der Mühle
6 Eier
4 EL Sahne oder Milch
Salz
½ Bund Schnittlauch

Die Sprotten abziehen, von Kopf und Schwanz befreien, die Hauptgräte herauslösen. Butter in einer Pfanne erhitzen und das Fischfleisch 2–3 Minuten anbraten, mit frisch gemahlenem Pfeffer bestreuen. Eier mit Sahne oder Milch und Salz verquirlen, über die Sprotten gießen und bis zum Stocken flockig verrühren. Das Sprottenrührei auf eine vorgewärmte Platte gleiten lassen und mit feingehacktem Schnittlauch bestreuen.
Dazu kann man Weiß- oder Vollkornbrot oder Bratkartoffeln und grünen Salat auftischen.

Kieler Sprottenrührei

Sprotten sind klein geratene Verwandte des Herings und in sechs Arten weltweit verbreitet. Fünf davon gibt es nur in südlichen Meeren. Die sechste, zoologisch *Sprattus sprattus* genannt und auch als Breitling, Brisling oder europäische Sprotte bezeichnet, kommt in den Meeresgewässern von Tromsö bis ins Mittelmeer und bis ins Schwarze Meer vor. Fachleute unterscheiden je nach Herkunft noch eine ganze Reihe von Unterarten der europäischen Sprotte. Sie alle werden nur 15 bis 17 Zentimeter groß, leben im Gegensatz zum Hering in Küstennähe und in Flußmündungen und unternehmen nur kurze Wanderungen.
Die Sprotte hat ein zartes Fleisch mit einem Fettanteil, der sie zum Räuchern geeignet macht. Als Frischfisch kommt sie weniger in Frage; das Sprottenfett kann beim Kochen oder Braten einen unangenehmen Geschmack annehmen. Gesalzen und geräuchert wird sie dagegen zur berühmten Delikatesse, sozusagen zum bekanntesten deutschen Fisch: Kieler Sprotten werden in viele Länder exportiert. In Norwegen pflegt man Sprotten dagegen filetiert und gesalzen als Anchovis zu verkaufen – was nicht ganz korrekt ist, denn Anchovis sind eigentlich eingesalzene Sardellen, die kleinsten Vertreter der Heringsfamilie.
»Echte Kieler Sprotten« dürfen diese Bezeichnung nur tragen, wenn sie in der Kieler Bucht gefangen wurden. Wo sie geräuchert werden müssen, ist dagegen nicht vorgeschrieben. So kommen die meisten Sprotten nicht aus Kiel, sondern aus Eckernförde und Kappeln hoch im Norden von Schleswig-Holstein.
Noch vor etwa 200 Jahren war das Räuchern Sache der Küstenfischer. Rezepte und Kniffe wurden geheimgehalten und vom Vater auf den Sohn vererbt. Erst als das Eisenbahnnetz ausgebaut wurde, entstanden für die leicht verderbliche Räucherware auch im Binnenland Absatzchancen. Der Aufbau einer küstennahen Räucherindustrie war die Folge. Im Lauf der Jahre wurde die Heißräuchertechnik immer mehr verfeinert – bis hin zu Fließband-Räuchertürmen und zum elektronischen Räuchern, bei dem die Rauchpartikel elektrisch aufgeladen und auf das Räuchergut »geschossen« werden – so läßt sich in Minuten erreichen, was sonst mehrere Stunden dauerte.

Matjesfilets mit grünen Bohnen

750 g grüne Bohnen
Salz
2 Stengel Bohnenkraut
2 Zwiebeln
100 g Räucherspeck
20 g Butter
weißer Pfeffer
½ Bund Petersilie
8 Matjesfilets
2 Zwiebeln

Bohnen putzen, bei Bedarf abfädeln, waschen und in Stücke brechen oder schneiden, in leicht gesalzenem Wasser mit Bohnenkraut bißfest kochen, abtropfen lassen und das Bohnenkraut herausnehmen.
Zwiebeln schälen und fein würfeln, Speck ebenfalls in kleine Würfel schneiden. Beides in einer Pfanne in heißer Butter glasig braten, über die Bohnen gießen, Pfeffer aus der Mühle aufstreuen und die Mischung gut durchschwenken. Gehackte Petersilie darübergeben.
Die kurz gewässerten Matjesfilets auf Eiswürfeln anrichten. Zwiebeln schälen, in Ringe schneiden und auf die Matjesfilets verteilen. Bohnen gesondert zu den Matjesfilets servieren.
Dazu paßt Bauern- oder Vollkornbrot. Noch besser schmecken neue Kartoffeln, in der Schale gekocht und mit frischer Butter verfeinert.

Zarte, eisgekühlte Matjesfilets und mit Räucherspeck gewürzte Bohnen passen ausgezeichnet zusammen. Die in Norddeutschland weit verbreitete Kombination, ein Leckerbissen besonderer Art, hat längst auch die Speisekarten der gehobenen Gastronomie erobert. Die Heringe sind »in«.
Noch vor wenigen Jahren machte der Hering rund die Hälfte aller Fänge der deutschen Fischereiflotte aus. Heringe waren billig und deshalb sehr beliebt. »Wäre der Hering nur so kostbar wie Kaviar und Austern«, soll Bismarck gesagt haben, »dann würde er als feinster Leckerbissen gelten.« Die Herkunft dieses Zitats ist nicht nachzuweisen. Aber ungeachtet dessen sind wir auf dem besten Wege zur teuren Delikatesse Hering.
Noch in den Jahren 1969–1974 landeten die deutschen Heringsfänger jährlich rund 100000 Tonnen des populären Speisefischs an. Dann passierte zweierlei: Die Meere wurden zum einen in nationale Fischereizonen aufgeteilt. Damit waren bisher befischte Gebiete nun für deutsche Fangflotten gesperrt. Der Bestand an Schiffen für die Hochseefischerei sank innerhalb weniger Jahre von 71 auf 27. Und zum zweiten stellte sich heraus, daß das Nordmeer praktisch von Heringen leergefischt war. Ein sechsjähriges Fangverbot war die Folge.
Heute dürfen im Nordmeer wieder Heringe gefangen werden. Die Fangquoten werden innerhalb der Europäischen Gemeinschaft ausgehandelt. Von früherer Herrlichkeit blieb aber nicht viel übrig. 1982 zum Beispiel wurden nur noch 17800 Tonnen Heringe angelandet. Der Bismarck zugeschriebene Ausspruch beginnt sich zu bewahrheiten.
Unter den Heringszubereitungen gilt der Matjeshering als die kostbarste. Es handelt sich dabei um einen jungfräulichen Hering, der nur zart gesalzen wird (und sich deshalb auch nicht so lange hält wie ein Salzhering). Der Name stammt aus dem Holländischen. Ein junger Hering ohne Milch oder Rogen hieß in den Niederlanden »maagdekens haering« = Mädchenhering. Daraus wurde »maatjesharing« und bei uns »Matjeshering«.

Finkenwerder Maischollen

4 Maischollen (je 350–400 g)
Saft einer Zitrone
Salz
weißer Pfeffer aus der Mühle
1 EL Mehl
150 g fetter Speck
1 EL Butterschmalz
1 Bund Petersilie
1 Zitrone

Schollen vom Fischhändler küchenfertig herrichten lassen (ausnehmen, von Kopf und Schwanz befreien, Seitengräten abschneiden), gründlich waschen, mit Zitronensaft beträufeln und 10 Minuten ziehen lassen. Die Fische mit Küchenkrepp abtupfen, salzen und pfeffern und in Mehl wenden. Überschüssiges Mehl vorsichtig abklopfen. Speck fein würfeln, in einer Pfanne in heißem Butterschmalz ausbraten. Die Grieben herausnehmen und beiseite stellen. Die Schollen im heißen Fett beiderseits braun braten (je nach Größe 4–5 Minuten), auf einer vorgewärmten Platte anrichten. Speck wieder in die Pfanne geben und erhitzen, über die Schollen gießen. Mit Petersiliensträußchen und Zitronenachteln servieren.
Dazu passen Petersilienkartoffeln und eine Salatplatte oder ein Kartoffel-Gurken-Salat.

Die im Mai angelandeten Schollen sind noch ziemlich klein, dafür aber besonders zart und schmackhaft. Kenner ziehen sie den größeren Schollen vor, die es das ganze Jahr über gibt, und bereiten sie am liebsten in Speckfett gebraten zu – so können sie ihren ganzen Wohlgeschmack entfalten. Das Rezept trägt seinen Namen nach dem einstigen Fischerdorf Finkenwerder im Westen Hamburgs, seit langem Ortsteil der Hansestadt.
Die Schollen gehören wie Steinbutt und Flunder, Seezunge und Rotzunge zur Schollenfamilie der Ordnung Plattfische. Die »eigentliche« Scholle, von der hier die Rede ist, wird auch Goldbutt genannt, wenn sie aus der Ostsee stammt. Nordseeschollen heißen dagegen schlicht »Butte«.
Die Plattfische gehören zu den merkwürdigsten Meeresbewohnern. Als Larven haben sie eine durchaus normale Fischform, sie schwimmen aufrecht und sind symmetrisch gebaut. Im Lauf der Entwicklung wandert dann ein Auge auf die spätere Oberseite des Fischs. Zugleich verwandelt sich das bis dahin noch knorpelige Skelett in ein knöchernes, und die Plattfische, die sich bis dahin im freien Meer aufgehalten haben, gehen zum Bodenleben über. Die Oberseite, der Rücken, ist nun dunkel gefärbt, die Bauchseite hell. Färbung und Zeichnung passen sich weitgehend dem Untergrund an, in den sich die Fische oft bis zu den Augen eingraben. Wer schon einmal am Strand eine Scholle aufgestöbert hat, wird sich gewundert haben, wie schnell das Tier sich wieder in den Sand einzugraben vermag. Blitzschnell peitscht es mit seinem Körper den Boden, gräbt dabei einen Hohlraum aus und schaufelt zugleich Sand auf die Oberseite. In kurzer Zeit ist das Tier verschwunden, vor allen etwaigen Verfolgern gut geschützt.
Die meisten Schollen kommen lebend auf den Markt. Sie können vom Fang bis zur Anlandung in einem Behälter unter Deck, der »Bünn«, in die das Seewasser Zugang hat, lebend gehalten werden. Nur bei großen Fängen, die nicht sofort abgesetzt werden können, wandert ein Teil der Fische in die Räucherei. Man kann frische Schollen filetieren, im allgemeinen werden sie aber im ganzen zubereitet. Ihre flache Form paßt wunderschön in die Bratpfanne.

1 Vierländer Ente (etwa 2 kg)
Salz
weißer Pfeffer aus der Mühle
1 TL geriebener Majoran
1 kg Äpfel
100 g Rosinen
20 g Butter
1/8 l Weißwein
Salz
1 Prise gemahlener Kardamom
100 g Semmelmehl
50 g Butterschmalz
1/4 l Fleischbrühe
1/8 l saure Sahne

Ente vorbereiten und waschen, mit Küchenkrepp abtupfen, innen und außen mit Salz, Pfeffer und Majoran würzen. Äpfel schälen, vom Kernhaus befreien und in Scheiben schneiden, mit den Rosinen in Butter andünsten, Weißwein angießen, mit Salz und Kardamom würzen. Die Äpfel halbgar dünsten, mit dem Semmelmehl vermengen, die Ente damit füllen und zunähen. In heißem Butterschmalz etwa 60–80 Minuten (je nach Größe) braten, zwischendurch immer wieder mit heißer Fleischbrühe begießen. Den Bratenfond entfetten, mit saurer Sahne binden und abschmecken.
Dazu gibt es Rotkohl und Salz- oder Röstkartoffeln oder auch Kartoffelpüree.

Vierländer Ente

Die Hamburger haben es gut. In den Vierlanden, gleich vor ihrer Haustür, wächst so ziemlich alles, was sie für eine solide Küche an frischen Zutaten brauchen: Gemüse und Obst, Geflügel und Schlachtvieh aller Kategorien. Und die Vierländer haben es natürlich auch gut, denn ihre wichtigsten Abnehmer wohnen gleich nebenan, eben in Hamburg.
Die fruchtbare Flußmarschenlandschaft im Bereich des Urstromtals der Elbe, heute Teil der Hansestadt, umfaßt im wesentlichen die alte Landherrenschaft Bergedorf, zu der einst vier Kirchspiele gehörten: Altengamme, Curslack, Kirchwärder und Neuengamme. Von diesen vier Regionen haben die Vierlande ihren Namen. Sie wurden im 12. und 13. Jahrhundert eingedeicht. »Die Vierlande bilden ein von Dämmen eingeschlossenes Niederungsland auf der rechten Seite der Elbe, das teilweise unter dem Spiegel des Stromes liegt, weshalb durch zahlreiche Schöpfmühlen für den Abfluß des Wassers gesorgt werden muß«, schrieb ein Lexikon vor 90 Jahren. »Die Bodenfruchtbarkeit ist ganz außerordentlich ... Überall herrschen Ordnung, Fleiß und Wohlhabenheit.«
Was die Vierländer Enten betrifft: Kenner zarter Entenbrüste und -keulen schwören darauf, daß es keine besseren gibt. Sie wissen auch, daß Entenfleisch zarter, von delikaterem Aroma und weniger fettreich ist als Gänsefleisch: 100 Gramm Entenbraten haben rund 800 Joule, 100 Gramm Gänsebraten mehr als 1500 Joule.
Weil Enten alles fressen, was ihnen vor den breiten Schnabel kommt, gab es schon im Mittelalter eigene Gesetze, die Übergriffe auf nachbarliche Anpflanzungen verhindern sollten. Was die Ente mit dem Schnabel durch den Zaun erlangen kann, hieß es darin, das solle man ihr lassen. Ein Ausflug in fremde Reviere dürfe dagegen umgehend mit der Todesstrafe geahndet werden. Enten brauchen ein Gewässer, wenn sie gesund aufgezogen werden sollen – nicht zuletzt deshalb, weil sie sich mit Vorliebe auf dem Wasser paaren. An Wasser fehlt es in den Vierlanden nicht. Sie werden durchzogen von vielen Entwässerungsgräben und von zwei Elbläufen, der Dove- und der Gose-Elbe, die das Marschland in drei langgestreckte Inseln teilen – ein Paradies für Enten.

Lübecker Schwalbennester

4 große, dünne Kalbsschnitzel
Salz
weißer Pfeffer aus der Mühle
4 Scheiben roher Katenschinken
4 hartgekochte Eier
1 EL Mehl
50 g Butterschmalz
4 EL Fleischbrühe
4 EL Sahne
Salz
Pfeffer
Streuwürze

Kalbsschnitzel mit Küchenkrepp abtupfen, möglichst dünn klopfen, salzen und pfeffern und mit Schinkenscheiben belegen. Je ein Ei in eine Fleisch-Schinken-Scheibe wickeln, die Rouladen mit Küchengarn oder Klammern zusammenhalten und in Mehl wenden, in heißem Butterschmalz von allen Seiten goldbraun braten. Bratensaft mit Fleischbrühe aufgießen, die Schwalbennester fertig schmoren.
Sauce mit Sahne verfeinern, mit Salz, Pfeffer und Streuwürze abschmecken. Wenn Sie mehr Sauce wollen, können Sie die Fleischbrühe- und Sahnemengen verdoppeln. Sämiger wird die Sauce, wenn Sie sie mit 1–2 TL Speisestärke binden.
Zu Schwalbennestern reicht man Kartoffelpüree und einen frischen Salat der Jahreszeit.

Die Küche der drei Hansestädte hat mancherlei Gemeinsamkeiten: die Vorliebe für Zusammengekochtes etwa, für süß-sauer Abgeschmecktes, für Fischgerichte der unterschiedlichsten Art. Trotzdem sollte man sie nicht in einen Topf werfen. Ein Lübecker National (aus Mohrrüben, Kartoffeln und Schweinebauch) ist nun einmal kein Hamburger National (statt der Mohrrüben werden Steckrüben verwendet), ein Hamburger Stubenküken hat nichts mit einem Bremer Kükenragout zu tun, und eine Aalsuppe macht man in Lübeck ganz anders als in Hamburg oder Bremen. So unterscheiden sich auch die Lübecker Schwalbennester, delikate Kalbsrouladen mit einer Einlage aus Schinken und gekochten Eiern, von ähnlichen Zubereitungen der Nachbarschaft oder anderer deutscher Landschaften.
Wer sich über die Kochkünste in den bürgerlichen Familien Lübecks unterrichten will, liest am besten bei Thomas Mann nach. In den »Buddenbrooks« ergötzen sich die Freunde des Hauses unter anderem an heißer Kräutersuppe mit geröstetem Brot, Karpfen in Rotwein, paniertem Schinken mit Schalottensauce, mehreren Gemüsen als Beigabe, Rumfrüchten und Plettenpudding, einem schichtweisen Gemisch aus Makronen, Biskuits, Himbeeren und Eiercreme.
Wenn die Lübecker von heute gepflegt essen gehen wollen, haben sie – unter anderem – die Wahl zwischen zwei altehrwürdigen kulinarischen Tempeln. Beide sind historische Gaststätten und Museen zugleich. Die älteste Tradition hat das Haus der Schiffergesellschaft. Anno 1535 richteten sich die Gilden der Lübecker Seefahrer diesen Backsteinbau mit dem schlanken Treppengiebel als »Kompagniehaus« ein. Jede der fünf Gilden hatte ihren eigenen Stammtisch. Heute sitzt man auf schweren, wappengezierten Möbeln unter bizarren Schiffsmodellen, wertvollen Messingleuchtern, nachgedunkelten Gemälden und kostbaren Silbergefäßen. Das zweite Etablissement ist das Schabbelhaus, 1942 zerstört und an anderer Stelle wieder errichtet. Es ist zugleich Gaststätte, Haus der Kaufmannschaft und Museum altlübischer Wohnkultur.

Gefüllter Schweinebauch

250 g Dörrpflaumen
250 g getrocknete Apfelringe
800 g magerer Schweinebauch mit Schwarte
Salz
Paprika edelsüß
4 EL Semmelmehl
1 EL Zucker
1/8 l Fleischbrühe
1/8 l saure Sahne

Pflaumen und Äpfel über Nacht in kaltem Wasser einweichen. In den Schweinebauch mit einem scharfen Messer eine Tasche schneiden (oder vom Fleischer schneiden lassen). Das Fleisch abwaschen, mit Küchenkrepp trockentupfen, innen und außen salzen und mit Paprika einreiben. Pflaumen und Äpfel abtropfen lassen, mit Semmelmehl und Zucker vermischen und in die Fleischtasche füllen. Die Tasche mit Küchengarn zunähen oder mit Holzstäbchen zustecken, die Schwarte mit einem scharfen Messer über Kreuz einritzen. Schweinebauch auf den leicht gefetteten Bratrost setzen, Fleischbrühe in die Fettpfanne gießen. Den Schweinebauch im vorgeheizten Backofen bei 220° C etwa 75–90 Minuten braten, zwischendurch immer wieder mit Brühe beschöpfen. 10 Minuten bei ausgeschaltetem Ofen nachziehen lassen, dann herausnehmen und warm stellen. Fond mit Sahne binden und nachwürzen.
Dazu gibt es Kartoffelpüree oder Salzkartoffeln.

Gefüllten Schweinebauch gibt es in vielen deutschen Küchenregionen. Die norddeutsche Version verwendet Dörrpflaumen und getrocknete Apfelringe als Füllung. Früchte und Schweinefleisch passen ausgezeichnet zusammen. Das zeigt sich auch bei anderen Rezepten aus Schleswig-Holstein. Beispielsweise sind im Land Schwansen, jener fruchtbaren Gegend im Osten des nördlichsten Bundeslandes, mit Äpfeln und Rosinen gefüllte Schweinerippchen sehr beliebt.
Welche Kochideen für Schweinefleisch wurden der Hausfrau im vorigen Jahrhundert vermittelt? Ein Kochbuch aus Hamburg, vor 140 Jahren erschienen, gibt darüber Auskunft. Da sind zunächst einmal gekochte Schweinsschnauzen, -ohren und -füße. Nach dem Kochen sollen sie paniert und mit Muskat gewürzt, dann ausgebacken werden. Dazu gibt es Sauerkraut oder Erbspüree.
Die Schweinskeule, den Schinken, brät man nach Meinung der Autorin am besten am Spieß und begießt sie während des Garens mehrmals mit Weißwein. Für den Schweinskopf schreibt das Kochbuch eine besonders interessante Verarbeitung vor. Er wird zuerst gekocht, dann löst man das Fleisch von den Knochen und legt es aufeinander. Das Schichtenbündel wird mit Pfeffer, Nelken, Salz und gehackten Pistazien gewürzt, in eine Serviette gewickelt und zwischen zwei Brettern gepreßt. Das erkaltete Fleisch kommt in eine kräftige Salzlake – so hält es sich wochenlang, und wenn man etwas davon essen will, nimmt man es heraus und schneidet Scheiben ab.
Es folgt das Rezept für Schweineherzschlag. Im Originaltext: »Leber, Lunge und Herz von einem Schweine werden in Stücke geschnitten und in ein Stück Schweinsnetz gewickelt, dann in Butter, mit Pfeffer und Salz bestreut, braun gebraten.«
Schließlich findet sich im Kochbuch von 1845 noch eine Zubereitungsvorschrift für Schwartenmagen aus Schweinefleisch, ein typisches Schlachtfestgericht, nach der Fertigstellung zwei bis drei Tage zu räuchern. Was wir heute am Schwein so lieben, ist dagegen nicht zu finden – weder Schnitzel noch Kotelett, weder Schweinshaxe noch Schweinebraten. Aber es handelt sich ja auch nur um ein ganz kleines Kochbuch …

Birnen, Bohnen und Speck

4 Scheiben durchwachsener Räucherspeck (je etwa 100 g)
500 g grüne Bohnen
½ l Fleischbrühe
Salz
1 Prise weißer Pfeffer
1 Stengel Bohnenkraut
300 g kleine Kochbirnen
½ Bund Petersilie

Speckscheiben in einen großen Topf geben und ganz kurz anrösten. Bohnen putzen, bei Bedarf abfädeln, gründlich waschen und einmal durchbrechen, zum Speck in den Topf geben. Fleischbrühe angießen, bis die Bohnen knapp bedeckt sind. Mit Salz und Pfeffer würzen und das Bohnenkraut dazugeben. Speck und Bohnen zugedeckt 12–15 Minuten kochen. Birnen waschen und vom Blütenansatz befreien, aber Stiele dranlassen. Die Birnen auf die Bohnen legen und zugedeckt bißfest garen. Bohnenkraut herausnehmen, die Bohnen in eine vorgewärmte Schüssel umfüllen, mit gehackter Petersilie bestreuen. Birnen und Speckscheiben auf den Bohnen anrichten.
Sie können die Birnen auch halbieren und das Kernhaus herausschneiden – der Stiel sollte auf jeden Fall dranbleiben.
Dazu gibt es Salz- oder Bratkartoffeln (in manchen Gegenden werden die Kartoffeln auch gewürfelt und gleich mitgekocht).

So wie die Aalsuppe gehört auch diese Zubereitung zu den typisch norddeutschen Kombinationen, vor denen der landfremde »Quiddje« zunächst einmal zurückschreckt. Ganz ohne Grund, wie sich bei der ersten Probe herausstellt. Birnen, Bohnen und Speck verdienen Hochachtung, die Zutaten passen hervorragend zusammen.
Ähnliche Eintöpfe gibt es in Hamburg und Schleswig-Holstein in großer Zahl. Berühmt ist das Seemannsgericht Labskaus aus Pökelfleisch und Kartoffeln mit vielen würzigen Beigaben – vor allem gehören rote Bete, Rollmöpse und Spiegeleier dazu. Das meiste davon wird zu einem steifen Brei vermengt – er sieht wirklich auf den ersten Blick befremdlich aus, und deshalb werden die Labskauszutaten heute oft schon getrennt angerichtet: Fleischscheiben mit Kartoffeln, dazu alle anderen Beigaben.
Nicht weniger bekannt sind die Plockfinken. Dabei handelt es sich um einen Eintopf aus weißen und grünen Bohnen, Fleisch, Mohrrüben, Kartoffeln und Porree. Mancherorts heißt dieses nahrhafte Gericht auch Dickmusik oder geschmorte Maurernasen. Eine andere Spezialität, die Holsteiner Linsensuppe, ist mehr Suppe als Eintopf, kann aber mit üppiger Gemüse-, Schinken- und Wurstbeigabe ebenfalls eine komplette Mahlzeit ersetzen.
Heinrich Heine bescheinigte den Hamburgern in seinen 1828 erschienenen »Memoiren des Herren von Schnabelewopski« englische Sitten und ein himmlisches Essen. »Die Hamburger sind gute Leute und essen gut«, heißt es in seinem Buch. »Über Religion, Politik und Wissenschaften sind ihre respektiven Meinungen sehr verschieden, aber in betreff des Essens, da herrscht das schönste Einverständnis. Mögen die christlichen Theologen dort noch so sehr streiten über die Bedeutung des Abendmahls; über die Bedeutung des Mittagsmahls sind sie ganz einig.« Gleichzeitig machte er sich über das Rauchfleisch als Hamburger Spezialität lustig, auf die er Magenbeschwerden als Nationalkrankheit der Hanseaten zurückführen zu müssen glaubte. Immerhin räumte er ein, daß das Rauchfleisch eine gute, für den Menschen heilsame Erfindung sei.

Holsteiner Birnenauflauf

750 g Kochbirnen, ⅛ l Weißwein
⅛ l Wasser, 2 Gewürznelken
1 Stückchen Stangenzimt
1 EL Zitronensaft, 75 g Zucker

Für den Teig:
125 g Butter, 180 g Zucker
3 Eier, 200 g Mehl, 100 g Speisestärke
½ Päckchen Backpulver
4 EL Milch, 1 Prise Salz
abgeriebene Schale einer Zitrone
etwas Butter für die Form
200 g Schinkenspeck in hauchdünnen Scheiben

Für die Sauce:
1–2 EL Speisestärke

Birnen halbieren, schälen und vom Kernhaus befreien. Wein mit Wasser, Gewürzen, Zitronensaft und Zucker aufkochen, die Birnen darin bißfest kochen, dann aus der Brühe nehmen und abtropfen lassen. Brühe durch ein Sieb geben und beiseite stellen.
Für den Teig Butter mit Zucker schaumig rühren, nach und nach die Eier dazugeben und verrühren, dann die übrigen Teigzutaten einarbeiten. Eine Auflauf- oder Springform (18 cm Ø) fetten und mit dünnen Speckscheiben auslegen. Die Birnen darauf verteilen, dann den Teig aufgießen und glattstreichen. Den Auflauf im vorgeheizten Backofen 30–40 Minuten bei 200–225° C backen.
Für die Sauce den durchgeseihten Birnensaft zum Kochen bringen, die mit wenig kaltem Wasser angerührte Speisestärke dazugießen und unter Umrühren einmal aufkochen. Den Auflauf warm mit der heißen (oder auch abgekühlten) Sauce servieren.

Eine reichhaltige Nachspeise ist dieser Auflauf, auch »Birnen im Teig« genannt und schon in älteren Hamburger Kochbüchern vertreten, so in dem 1911 erstmals erschienenen 600-Seiten-Werk »Geprüft und bewährt« der Hertha Behnke aus Hamburg.
Wenn in den Hamburger Familien eine große Gesellschaft mit vielen Gästen stieg, war die Hausfrau im allgemeinen überfordert – sie konnte nicht einerseits in der Küche stehen, andererseits die Gäste betreuen. Also holte man sich eine »Kochfrau« zu Hilfe, die an diesem Tag in der Küche das Zepter führte, manchmal auch noch einen Lohndiener, der die Hausgehilfin, damals noch »Dienstmädchen« genannt, beim Servieren unterstützte. Eine der bekanntesten Kochfrauen war um die Jahrhundertwende Frau Hertha Behnke. Im Hauptberuf betätigte sie sich als Kochlehrerin. Ihre Schülerinnen waren die Töchter aus den besseren Familien. Auf deren Anregung hin stellte sie ihren reichen Rezeptschatz zusammen und machte ein Kochbuch daraus. Zunächst erwies es sich jedoch als unmöglich, einen Verlag für das voluminöse Werk zu finden. Frau Behnke ließ es, das Risiko nicht scheuend, im Selbstverlag erscheinen. Der erfreuliche Erfolg ermutigte dann einen Verleger, eine »richtige« Ausgabe herauszubringen.
»Mein Kochbuch richtet sich ganz besonders an meine lieben Schülerinnen«, hieß es im Vorwort zur ersten Auflage. »Ihnen soll das Buch ein guter Führer in der Küche sein. Alles, was ich in unseren guten, alten Hamburger Haushaltungen erfahren habe, möchte ich auf meine Schülerinnen übertragen.«
Im Vorwort zur vierten Auflage hieß es dann: »Mich leitete der Wunsch, für die deutsche Frau ein Werk zu schaffen, das als helfende Freundin den jungen Hausfrauen liebevoll zur Seite steht.«
Frau Behnkes Rezept für den Birnenauflauf liest sich ganz modern. Allerdings verwendet sie keinen Rührteig, sondern einen »abgebrannten« Teig, wie der Brandteig seinerzeit hieß. Aufläufe dieser Art waren damals große Mode – außer dem Birnenauflauf schlägt Hertha Behnke noch weitere zehn Aufläufe vor, vom Schokoladenauflauf bis zum Dattelauflauf, dem Zitronen- und dem Sagoauflauf.

Friesische Förtchen

¼ l Milch
⅛ l Sahne
1 Prise Salz
65 g Butter
200 g Mehl
5 Eier
1 Messerspitze Kardamom
50 g feingehackte Mandeln
100 g Rosinen
20 g Hefe
etwas Milch
30 g Zucker
125 g Mehl
Butter für die Förmchen
Puderzucker zum Bestreuen

Milch und Sahne mit Salz und Butter zum Kochen bringen, von der Brennstelle nehmen. Das Mehl (200 g) auf einmal hineinschütten und gründlich verrühren. Bei schwacher Hitze weiterrühren, bis sich ein Kloß bildet, der sich vom Topfboden löst. Den Teig etwas abkühlen lassen, dann nach und nach die Eier hineinrühren, anschließend Kardamom, Mandeln und Rosinen einarbeiten. Nun die fein zerbröckelte, mit etwas Milch verrührte Hefe, Zucker und Mehl. Den Teig kräftig schlagen, zum Ballen formen und zugedeckt an einem warmen Ort 30 Minuten gehen lassen.
Mit einem Eßlöffel Teigstücke abstechen und in einer gefetteten Förtchenpfanne (oder in heißem Fett schwimmend) auf beiden Seiten goldbraun backen. Die Förtchen auf Küchenkrepp abtropfen lassen und mit Puderzucker bestreuen.

In friesischen Küchen gab es früher eine eigene Förtchenpfanne aus Eisen mit sieben Vertiefungen. So konnte man die Förtchen oder Futtjens besonders rationell backen. Es spricht aber auch nichts dagegen, die Brandteigkugeln in heißem Fett schwimmend zu backen. Die Förtchen waren einst ein Spezialgebäck für den Jahreswechsel. Am Silvestertag wurden sie in den bäuerlichen Haushalten in riesigen Mengen gebacken – teils für den eigenen Gebrauch, teils für die durch das Dorf ziehenden »Rummelpötter«. So wurden die Kinder des Dorfes genannt, die bunt kostümiert an alle Haustüren klopften, für das neue Jahr Glück und Segen wünschten und dafür mit Äpfeln, Nüssen, Süßigkeiten belohnt wurden, vor allem aber mit frisch gebackenen Förtchen.
Dabei trugen die Jungen Mädchenkleider, die Mädchen dagegen Hosen und Jacken. Alle waren mit wilder »Kriegsbemalung« oder Masken unkenntlich gemacht. Der Anführer kündigte die Schar mit dem »Rummelpott« an. Das war eine große Konservendose, über deren Öffnung eine Schweinsblase gespannt wurde. Wenn man einen angefeuchteten Strohhalm durch ein winziges Loch in der Schweinsblase auf und ab bewegte, ertönte ein dumpfes »Rumm-Rumm«. Es schlug den Takt zum Futtjen-Lied, das die Kinder sangen. Theodor Storm hat es aufgezeichnet:

»Dat ohle Jahr, dat nije Jahr,
Sind denn nie bald de Futtjens gaar?
Krie ick een, so blief ick stahn,
Krie ick twee, so will ick gahn,
Krie ick dree, so wünsch ick Glück,
Dat de Köksch mit de Futtjens to de
Schosteen rut flüggt.«

Wobei zu ergänzen ist, daß mit der Kösch die Köchin gemeint ist, und Schosteen ist natürlich der Schornstein.
Woher die Förtchen oder Futtjens ihren Namen haben, ist in Grimms Deutschem Wörterbuch nachzulesen. Die luftigen Gebäckstücke hießen einst »Nonnenfürzchen«, was sich schon für das 14. Jahrhundert belegen läßt. Im Niederdeutschen wurde daraus »Nunnekenfurte« und »Nonnenförtchen«. Die Nonnen wurden im Lauf der Jahre fortgelassen, übrig blieben die Förtchen, mundartlich Futtjens genannt.

Bremen und Niedersachsen

Das Land zwischen der Nordsee und dem Harz, Hoheitsgebiet der Bundesländer Niedersachsen und Freie Hansestadt Bremen, sorgt für Abwechslung auf der Speisekarte. Steht Ihnen der Sinn nach Seezunge und Kabeljau, Heilbutt und Krabben? Die beiden größten deutschen Fischereihäfen, das bremische Bremerhaven und das niedersächsische Cuxhaven, beliefern das ganze Bundesgebiet mit frischer und zu Fischkonserven verarbeiteter Ware. Oder bevorzugen Sie Süßwasserfische? Aale aus dem Steinhuder Meer, Forellen und Hechte aus Harzer Bergbächen, Karpfen aus zahllosen Teichwirtschaften zwischen Emsland und Heide sind hoch geschätzt.

Aber möglicherweise halten Sie es mit deftigeren Genüssen? Das Rindfleisch von den endlos weiten Wiesen zwischen Elbe und Weser hat einen guten Ruf. Das Land Niedersachsen ist der bedeutendste deutsche Rindfleischproduzent. Schweine und Geflügel kommen vor allem aus dem Gebiet zwischen Ems und Weser.

Wie wäre es mit einem Ammerländer Dielenrauchschinken? Er empfängt sein spezielles Aroma nicht in der üblichen Räucherkammer, sondern im schilfgedeckten Rauchhaus. Buchen- und Eschenspäne entwickeln auf der »Deele« dieses Hauses einen milden Rauch. Bis er die unter dem Dach hängenden Schinken erreicht, hat er sich stark abgekühlt.

Würste sind eine andere Spezialität Niedersachsens. Bremen und Oldenburg schwören auf Pinkelwurst, mit dem hier »Braunkohl« genannten Grünkohl serviert. In Hannover gibt es Bouillonwurst, in Hildesheim die aus Kalb- und Schweinefleisch hergestellte Knackwurst. Von Göttingen schrieb schon Heinrich Heine, die Stadt sei berühmt für ihre Würste und ihre Universität. Die prominenteste niedersächsische Wurststadt ist Braunschweig. Braunschweiger Schlackwurst, eine kräftig geräucherte Dauerwurst, war ursprünglich haltbarer Segelschiffsproviant. Die Brägenwurst gibt es in Braunschweig zum Braunkohl, sie enthält einen Zusatz von Schweinehirn (Brägen). Aus magerem Rindfleisch und Schweinemett besteht die Braunschweiger Mettwurst, sie kommt getrocknet und geräuchert in den Handel.

Aber Niedersachsen und Bremen haben noch mehr anzubieten. Zarten Spargel aus dem Braunschweigischen beispielsweise und Wildenten aus dem Emsland, Europas größtem Wasserjagdgebiet. Räucheraal aus dem Ammerland, Wachteln und vor allem Heidschnukkenbraten aus der Lüneburger Heide. Deftigen Sauermilchkäse aus den Käsebäckereien (so heißen sie dort) im Harz. Der Harz wird so kräftig mit dem Harzer Käse identifiziert, daß man meinen könnte, andere kulinarische Spezialitäten habe diese Landschaft nicht zu bieten. Das wurmte auch die Vereinigung Harzer Köche. Ihre Mitglieder machten sich an die Arbeit, neue Gerichte zu erfinden, die 1980 beim Sommerfest des Bundeskanzlers Premiere feierten: Hexenpilzsuppe und Harzer Wildroulade aus Hirschkeulen, serviert mit Teufelsdrecksauce, Brockenmoos in der Kartoffelschwinge und zum Nachtisch gefüllte Köhleräpfel – alles abgestimmt auf die Walpurgisnacht.

Läuft Ihnen das Wasser im Mund zusammen? Dann sollten Sie zur Erholung eine Lüttje Lage trinken, bestehend aus einem Korn und einem Glas Bier. Geübte halten beide Gläser übereinander in einer Hand und lassen Korn

wie Bier auf einmal die Kehle hinabrinnen. An Brauereien und Biersorten ist in Niedersachsen kein Mangel.
Berühmt war einst die Braunschweiger Mumme, ein obergäriges Bier, das freilich heute keine große Rolle mehr spielt. In Einbeck, wo es sogar ein Biermuseum gibt, wurde schon im 15. Jahrhundert das starke »Ainpöckisch Bier« gebraut und in viele Länder exportiert, so ab 1545 auch nach München. Es erwies sich bald, daß der Transport nach Bayern zu weit und zu gefährlich war. Deshalb begann 1614 ein Einbekker Braumeister an der Isar mit der Produktion des »Ainpöckischen«, das dann später Bockbier genannt wurde.
An klaren Schnäpsen fehlt es nicht im Agrarland Niedersachsen. Prototyp des »ostfriesischen Landweins« ist ein Genever nach holländischem Vorbild, der seit 150 Jahren in Norden gebrannte Doornkaat. Sein Hersteller verfügt über Europas größte Kornbrennerei.
An der Küste und auf den Ostfriesischen Inseln gibt es zahlreiche Grogspezialitäten. Neben dem Rum als Ausgangsstoff spielt auch der exotische Arrak eine wesentliche Rolle. Das Hauptgetränk der Ostfriesen ist jedoch der Tee – rund 25 Prozent der deutschen Teeimporte werden in dieser Landschaft verbraucht.
Für deutschen Wein ist der Bremer Ratskeller zuständig. Warum das so ist, lehrt ein Blick in die Geschichte der Hansestadt. Schon im 13. Jahrhundert hatte der Rat der Stadt ein Monopol, das den Handel mit Wein »von deutschen Flüssen« betraf. Heute lagern mehr als eine Million Flaschen in den Kellern, und die Weinkarte umfaßt rund 600 Nummern. »Glücklich der Mann, der den Hafen erreicht hat und hinter sich ließ das Meer und die Stürme und jetzo warm und ruhig sitzt im guten Ratskeller zu Bremen«, dichtete Heinrich Heine, und Wilhelm Hauff schrieb nach einer durchzechten Nacht seine »Phantasien im Bremer Ratskeller«.
Das Land Eulenspiegels und Wilhelm Buschs, des Barons von Münchhausen und Wilhelm Raabes strahlt Gemütlichkeit und Ruhe aus. Laute Geschäftigkeit ist den Niedersachsen fremd. Heiterkeit wird geschätzt – indessen: »Das Lachen ist hier noch eine ernste Sache«, meinte Wilhelm Raabe.

Bismarckfrühstück

Für eine Portion:
125 g frische Champignons
2 EL Fleischbrühe
2 EL Madeira
2–3 Möweneier
3 EL Milch
Salz
weißer Pfeffer aus der Mühle
30 g Butter

Champignons putzen, waschen und beliebig schneiden, in Fleischbrühe und Madeira weich dünsten. Möweneier mit Milch verquirlen, salzen und pfeffern, die etwas abgekühlten Champignons damit vermengen. Butter in einer Pfanne erhitzen, Eier-Pilz-Mischung hineingeben und zu lockerem Rührei verarbeiten. Dazu Toast und Butter reichen.
Sie können die gedünsteten Pilze auch gesondert zum Möwenrührei servieren.

Das nach dem Fürsten Otto von Bismarck (1815–1898), dem Eisernen Kanzler, benannte Frühstücksgericht aus Möweneiern ist eine ostfriesische Spezialität. Ursprünglich wurde es aus Kiebitzeiern zubereitet, für die Bismarck besonders schwärmte. Das sprach sich auch in dem Städtchen Jever im Ostfriesischen herum. Aus Begeisterung über die Gründung des Deutschen Reiches im Jahre 1871, vor allem Bismarcks Werk, beschlossen die Mitglieder des Jeverschen Stammtisches »Die Getreuen«, dem Reichskanzler 101 Kiebitzeier zum Geburtstag am 1. April zu schicken.
Der Kanzler nahm das nahrhafte Geschenk dankend an. Bis zu seinem Tode kamen nun alljährlich am 1. April 101 Kiebitzeier aus Jever in den Sachsenwald. 1883 belohnte er die Stammtischrunde mit einem wertvollen silbernen Pokal in Gestalt eines großen Kiebitzeies. Den Pokal gibt es heute noch, er faßt eine ganze Flasche Wein und geht alljährlich am 1. April reihum, wenn die Getreuen von Jever im Gasthaus »Haus der Getreuen« des Kanzlers Bismarck gedenken.

Die Kiebitzeier freilich sind selten geworden. In deutschen Landen stehen die Kiebitze heute unter Naturschutz, es ist verboten, ihre Eier einzusammeln. Nur noch selten kommen Kiebitzeier aus Dänemark oder den Niederlanden bei uns zum Verkauf. Aber Möweneier von der Lach-, Silber- oder Sturmmöwe schmecken nicht anders, sie dürfen zu bestimmten Zeiten gesammelt werden, damit sich diese Möwenarten nicht zu stark vermehren. Möweneier sind etwas kleiner als Hühnereier, haben meist eine grünliche oder graue Schale und sind überdies an ihrem kräftig rotgelb gefärbten Eidotter zu erkennen.
Nach Kanzler Bismarck sind übrigens zahllose Gerichte benannt – er war nun einmal ein sehr populärer Politiker. Am bekanntesten sind die Bismarckheringe, in Essig eingelegte Heringe. Filetsteaks à la Bismarck werden mit Kiebitz- oder Möweneiern garniert. Das Bismarckragout besteht aus Hühnerfleisch mit Wirsing und Kartoffeln. Bismarckkohl ist dagegen ein schlichtes Resteverwertungsgericht – es wird dem Kanzler, auf dessen Frühstückstisch stets eine große Dose Kaviar stand, nicht sehr behagt haben.

Bremer Kükenragout

2 Stubenküken
(400–600 g schwere Junghühner)
1 Zwiebel
1 Bund Suppengrün
50 g Butter
½ l Fleischbrühe
30 g Butter
30 g Mehl
1 kleine Dose Champignons
1 kleine Dose Spargelspitzen
1–2 EL Zitronensaft
Salz, weißer Pfeffer aus der Mühle
2–3 EL Sahne
2 Eigelb

Die vorbereiteten Stubenküken halbieren. Zwiebel schälen und würfeln, Suppengrün fein schneiden. Butter in einem Topf erhitzen, Stubenküken mit Zwiebel und Suppengrün hineingeben und goldgelb anbraten, dann Fleischbrühe angießen und die Küken garen. Aus Mehl und Butter eine helle Einbrenne bereiten, mit Champignon- und Spargelsaft auffüllen und den Kükenfond dazugeben, 8 Minuten kräftig durchkochen. Die Sauce mit Zitronensaft, Salz und Pfeffer abschmecken. Sahne mit Eigelb verquirlen, die Mischung in die von der Brennstelle genommene Sauce rühren. Kükenhälften, geschnittene Champignons und Spargelspitzen hineingeben und das Ragout heiß werden lassen, ohne es nochmals zum Kochen zu bringen.
Das Ragout läßt sich mit gedünsteten Austern oder Miesmuscheln, Kalbsmilch, Kalbszunge, Kapern oder Morcheln weiter verfeinern.
Reichen Sie zum Kükenragout Weißbrot oder körnig gekochten Reis.

Stuben- oder Mastküken sind zarte Junghühner im Gewicht von 400 bis 600 Gramm, die im Frühjahr, um die Osterzeit, am besten schmekken. Um diese Zeit ist es für Junghühner an der frischen Luft im allgemeinen noch zu kühl. Sie wachsen also unter dem Dach des Bauernhauses auf, vielleicht nicht gerade in der Stube, nach der sie ihren Namen haben, sondern auf der Tenne des niedersächsischen Bauernhauses, die man durchqueren muß, wenn man die Wohnräume betreten will. Stubenküken sind nie älter als 75 Tage, sie dürfen nicht fett sein, sondern sollen schön fleischig werden. Das wird durch Körnerfutter erreicht. Die Bäuerin weicht es in Milch ein, damit die jungen Hühnchen es besser verarbeiten können.
Für Stubenküken gibt es eine ganze Menge Spezialrezepte. In Hamburg pflegt man sie goldbraun und knusprig zu braten. In Bremen ist das Kükenragout beliebt, eine Zubereitung, die eng mit dem Berliner Hühnerfrikassee verwandt ist. Im Gegensatz zu ihm wird das Hühnerfleisch allerdings nicht in Würfel geschnitten. Die Stubenküken werden lediglich halbiert.

Andere Möglichkeiten, Stubenküken zuzubereiten, finden sich schon in Kochbüchern aus dem frühen 19. Jahrhundert. Beispielsweise gab es damals am Spieß gebratene oder in Teighülle gebackene Küken, ferner gekochte Küken mit Spargel, Erbsen, Krebsen oder Austern (»für Kranke geeignet«, heißt es beim Austernrezept). Für ein »Gesellschaftsessen« mit 12 bis 14 Personen schlägt ein anderes Kochbuch ein Kükenragout mit Hummer vor. Zutaten: 3 Kilo Hummer, ½ Kilo Champignons, 4 große Küken, 1 große Schweser (Kalbsmilch), 65 Gramm Trüffeln, 125 Gramm Butter, 2 Kochlöffel Mehl – also nicht gerade eine preiswerte Angelegenheit.
Das Nieder-Sächsische Kochbuch von 1778 schließlich trägt noch zwei originelle Rezepte für Stubenküken bei: »Geschmohrte Küchlein mit Stachelbeeren« werden am Spieß gebraten und auf Stachelbeerkompott serviert, »Küchlein in zinnernen Töpfen mit Rosinen« werden mit »Zellery- und Petersillien-Wurzeln« gekocht und in einer Mehlsauce mit gekochten Rosinen angerichtet. Vielleicht sollte man das mal probieren.

Heidschnucken-ragout

1 kg Heidschnuckenfleisch

Für die Marinade:
½ l Wasser, ⅛ l Essig
1 Zwiebel, 1 Lorbeerblatt
4 Wacholderbeeren, 3 Pfefferkörner
2 Gewürznelken, Salz

Für die Sauce:
½ l Wasser, ¼ l Marinade
2 Zwiebeln, 40 g Butter
40 g Mehl, 3 EL Rotwein
Salz, 1 Prise Zucker
schwarzer Pfeffer aus der Mühle
⅛ l saure Sahne

Heidschnuckenfleisch im Stück waschen, überflüssiges Fett wegschneiden. Wasser mit Essig, geschnittener Zwiebel, Gewürzen und Salz aufkochen und abkühlen lassen. Fleisch in eine Schüssel geben und mit der Marinade übergießen. 2–3 Tage unter gelegentlichem Wenden darin ziehen lassen, dann herausnehmen, mit Küchenkrepp trockentupfen und in Würfel schneiden.
Für die Sauce Wasser mit durchgesiebter Marinade (¼ l abmessen) mischen, die Ragoutwürfel hineingeben. Kochsud aufkochen und das Fleisch bei mittlerer Hitze darin garen. Zwiebeln schälen und in Würfel schneiden. Butter in einer Pfanne erhitzen, das Mehl hineingeben und unter ständigem Rühren goldbraun rösten. Zwiebelwürfel kurze Zeit mitrösten. Kochbrühe vom Fleisch abgießen und die Einbrenne damit ablöschen. Die Mischung glattrühren, acht Minuten kräftig durchkochen. Die Sauce mit Rotwein verfeinern, mit Salz, Pfeffer und Zucker abschmecken und die Sahne hineinrühren. Ragoutwürfel in die Sauce geben und nochmals kurz erhitzen, aber nicht mehr zum Kochen bringen.

Heidschnucken sind die »Charaktertiere« der Lüneburger Heide und mindestens so bekannt wie das vielbesungene Heidekraut: »Auf der Heide blüht ein kleines Blümelein, und das heißt Erica.« Freilich ist das Heidekraut weder ein Kraut noch ein Blümelein, sondern ein winterharter, verholzter Zwergstrauch, der nicht Erica heißt, sondern Calluna, die Schöne. Die Glockenheide Erica kommt fast nur auf Moorboden vor.
Im übrigen ist die Heide keine Naturlandschaft, auch wenn man das auf den ersten Blick annehmen möchte, sondern eine Art Krankheitszustand. Hier standen einst dichte Eichenwälder, die mit Stumpf und Stiel verschwanden – zum größten Teil in den Lüneburger Salzsiedereien. Heidepflanzen eroberten die kahlen Flächen.
Auch ohne Aufforstung hätten Laub- und Nadelhölzer im Lauf der Jahrhunderte die Heideflächen längst wieder besiedelt, wären die Heidschnucken nicht gewesen. Sie ließen sich Sämlinge von Laubbäumen schmecken, »entkusselten« die Heidelandschaft und hielten sie kahl – nur der Wacholder und einige wenige andere »ungenießbare« Sträucher blieben übrig. Vor etwa hundert Jahren gab es mehr als eine Dreiviertelmillion Heidschnucken. Sie reichten aus, um das »gewohnte« Bild der Heide zu erhalten. Heute sind es nur noch rund 15 000 Heideschafe, betreut von 35 Schäfern. Also kann der Laubwald wieder vordringen, und in den Gebieten, die auch künftig heideähnlich aussehen sollen, etwa im Bereich des Wilseder Parks, müssen ständig Schnucken eingesetzt werden, damit die offenen Heideflächen erhalten bleiben.
Unter Feinschmeckern ist das Fleisch der Heidschnucken, kleiner, genügsamer und kurzschwänziger Schafe, sehr beliebt. Manche Restaurants sind schon dazu übergegangen, anderes Schaffleisch, etwa aus Neuseeland, als Schnuckenfleisch anzubieten – sehr zum Kummer der Züchter aus der Lüneburger Heide, die sich dazu entschließen mußten, ein Gütesiegel zu entwerfen: »Heidschnuckengerichte – garantiert echt« steht nun auf den Speisekarten der seriösen Heidschnuckenbrater. Darauf sollten Sie ein Glas Heidschnuckenmilch trinken – 58prozentigen Ingwerschnaps, den es nur an Ort und Stelle gibt.

Brauner Kohl mit Pinkel

1 kg Grünkohl (= Braunkohl)
2–3 große Zwiebeln
50 g Schweineschmalz
250 g durchwachsener Speck
250 g Kasseler
4 Pinkelwürste
(ersatzweise Mettwürstchen)
2 EL Haferflocken oder -grütze
Salz, 1 Prise Zucker
schwarzer Pfeffer aus der Mühle
1 Prise gemahlener Piment

Grünkohl gründlich waschen, von den Strünken abstreifen und von Rippen befreien. Mit kaltem Wasser aufsetzen, zum Kochen bringen und 5 Minuten ziehen lassen, dann abgießen und den Kohl grob wiegen oder hacken. Zwiebeln schälen und in Würfel schneiden. Schweineschmalz in einem Topf erhitzen, Zwiebelwürfel und Kohl hineingeben, Speck und Kasseler im Stück darauflegen, alles zugedeckt schmoren, bis das Fleisch gar und die Flüssigkeit fast ganz verdunstet ist. Zum Schluß die Pinkelwürste auf dem Kohl heiß werden lassen.
Fleisch und Wurst herausnehmen. Das Fleisch in Scheiben schneiden und mit den Würsten warm stellen. Haferflocken oder -grütze auf den Kohl streuen und 15 Minuten ziehen lassen. Mit Salz, Zucker, Pfeffer und Piment abschmecken. Braunkohl in eine vorgewärmte Schüssel füllen, mit Fleischscheiben und Würsten belegen. Dazu gibt es Salz- oder Bratkartoffeln.

Der Fremdling erkennt den Bremer daran, daß dieser den Grünkohl Braunkohl nennt. Der Kohl selbst heißt brauner Kohl, weil er beim Kochen seine grüne Farbe wechselt.« Dies zur Erklärung vorweg – zitiert nach Werner Kloos aus dem Almanach »Gut Bremisch Essen und Trinken«.
Brauner Kohl mit Pinkel ist die Bremer Spezialität schlechthin. Grün- oder Braunkohl spielt aber auch in der weiteren Umgebung der Hansestadt eine große Rolle. In Hamburg gibt es Grünkohl mit Kasseler und Kochwurst, in Hannover–Braunschweig bevorzugt man Braunkohl mit Brägenwurst. Alle drei lokalen Spezialitäten dürfen auf keinem Schützen-, Feuerwehr-, Gesangvereins- oder Betriebsfest fehlen, und nicht einmal das Eisbein mit Sauerkraut kann dem Braunkohl ernsthaft Konkurrenz machen.
Die Bremer Variante wird mit Pinkelwurst serviert. Es handelt sich dabei um eine Wurst aus Speck und Hafergrütze, originell mit Nelken oder Piment gewürzt und in den Mastdarm des Rindes gestopft, der hierzulande Pinkeldarm genannt wird. Braunkohl mit Pinkel ist in den Wintermonaten das Ziel vieler vergnügter »Kohl- und Pinkelfahrten« in die oldenburgische Nachbarschaft. Der nötige »Klare« wird dabei am Regenschirm oder Wanderstock angebunden mitgeführt.
Vor allem aber ist Kohl und Pinkel untrennbar verbunden mit zwei althergebrachten bremischen Eßfesten: mit der Schaffermahlzeit und mit der Eiswette. Die Schaffermahlzeit findet schon seit 1545 am zweiten Freitag des zweiten Monats (Februar) mit festgelegtem Zeremoniell statt. Teilnehmer an diesem ältesten Brüdermahl der Welt, zu dem nur Männer zugelassen sind, waren einst die Kapitäne der Handelsschiffe und die Mitglieder der Schaffergenossenschaft. Als Schaffer wurden die Verwalter des Hauses Seefahrt bezeichnet, in dem das Essen stattfand. Sie mußten nach der Winterpause Rechnung legen. Anschließend gab es ein Menü mit Braunkohl und Pinkel im Mittelpunkt.
Bei der »Bremer Eiswette von 1829« wird um die Frage gewettet, ob die Weser zu Jahresbeginn zugefroren sein wird oder nicht. Wer die Wette verliert, muß das Braunkohlessen bezahlen.

Welfencreme

Für die Creme:
½ l Milch
1 Vanilleschote
1 Prise Salz
40 g Zucker
40 g Speisestärke
3 Eiweiß

Für die Sauce:
3 Eigelb
60 g Zucker
1 gestrichener EL Speisestärke
1 EL Zitronensaft
1 TL abgeriebene Zitronenschale
¼ l lieblicher Weißwein

Für die Creme 5 EL von der Milch abnehmen und in eine Tasse geben. Restliche Milch mit der Vanilleschote aufkochen, mit Salz und Zucker würzen. Speisestärke mit der kalten Milch in der Tasse verquirlen, unter Rühren in die heiße Vanillemilch geben, aufkochen lassen und die Vanilleschote herausnehmen. Eiweiß steif schlagen, unter die heiße Creme ziehen. Die Creme in eine mit kaltem Wasser ausgespülte Glasschale füllen und erkalten lassen, dabei hin und wieder umrühren, damit sich keine Haut bildet. Für die Sauce Eigelb und Zucker in einer Schüssel schaumig rühren. Speisestärke mit Zitronensaft, -schale und Weißwein mischen, portionsweise in die Eigelbmasse rühren. Die Mischung im heißen Wasserbad cremig schlagen. Erkaltete Sauce über die Cremespeise gießen.

Wer diese Creme in den Farben der Welfen, weiß und gelb, erfunden hat, läßt sich nicht mehr feststellen. Wahrscheinlich ist die lockere Nachspeise dem Einfallsreichtum eines Hofkochs entsprungen, der seinen fürstlichen Herrschaften eine Freude machen wollte. Das könnte sich in Braunschweig abgespielt haben, möglicherweise aber auch in Hannover, mit geringerer Wahrscheinlichkeit in London, wo ja ebenfalls Welfen auf dem Thron saßen, als die Creme erfunden worden sein dürfte. Ein Welfe war auch Heinrich der Löwe, der im 12. Jahrhundert in Bayern herrschte. Das tat er zwar nur im Nebenberuf, aber die Bayern haben es ihm bis heute nicht vergessen. Deshalb beteiligten sie sich mit 7,5 Millionen Mark an der Ersteigerung des mit 32,5 Millionen Mark teuersten Buches der Welt, des Evangeliars Heinrichs des Löwen, vom Mönch Herimann aus dem Kloster Helmarshausen an der Weser zwischen 1173 und 1180 geschaffen, einst im Besitz des Welfenhauses und unter merkwürdigen Umständen in einem Londoner Versteigerungshaus gelandet.

Keine andere deutsche Regionalküche ist so reich an Cremespeisen wie die bremisch-niedersächsisch-welfische Küche. Schon in Kochbüchern aus dem 18. und frühen 19. Jahrhundert sind Dutzende von leckeren »Craimes« enthalten. Hier ein Beispiel im Originaltext. Es handelt sich um das Rezept »Englischer Craim« aus dem 1800 erschienenen »Neuen Hannöverischen Kochbuch«: »Es werden 8 Eierdotter mit ein halb Maaß guter Milch, mit süßen und bitteren Mandeln, Zucker, Caneel und Zitronenschalen abgerührt und eine Stunde hingesezt. Darauf macht man einen Rand um die Schüssel, gießt den Craim durch ein Sieb darauf, sezt eine Casserolle mit kochendem Wasser auf das Feuer, auf diesem läßt man nun den Craim kochen, bis er dicke wird, schlägt das Weiße von Eiern zu Schnee, sezt es mit Zucker auf den Craim und macht ihn oben braun.« Andere Cremes werden mit Pistazien, Schokolade, Tee, Wein, Vanille, Zitronen, Quitten, Kaffee, Sago oder Sahne zubereitet. Meist gehören zehn bis zwölf Eier dazu, »wohl durcheinander geschlagen und denn mit einer steifen Ruthe auf dem Feuer wohl abgerührt; so wird es recht«.

Tee auf ostfriesische Art

1 l weiches, chlorfreies Wasser
7 gehäufte TL ostfriesische Teemischung
weißer Kandiszucker
süße Sahne

Frisches Wasser sprudelnd kochen lassen. Teekanne aus Porzellan mit heißem Wasser ausspülen und in ein heißes Wasserbad stellen. Teemischung in die Kanne geben, nach und nach kochendes Wasser angießen, etwa fünf Minuten ziehen lassen.
In jede Teetasse ein großes Stück Kandiszucker legen, den Tee darübergießen. Sahne mit einem Sahnelöffel auf den Tee »legen«, nicht umrühren. Nach dem Austrinken auf den restlichen Kandiszucker neuen Tee gießen. Oft reicht es auch noch zu einer dritten Tasse.

Schwarzer Tee ist wieder in. Obwohl auf der Erde immer mehr Tee geerntet wird (1983 waren es über zwei Millionen Tonnen), hinkt das Teeangebot so stark hinter dem Verbrauch her, daß die Teeweltmarktpreise in ungeahnte Höhen stiegen. 1983 war eine Verdoppelung des Teepreises die Folge der weltweiten Verknappung.
Von den zwei Millionen Tonnen Tee landet allerdings nur eine bescheidene Menge in der Bundesrepublik Deutschland: etwa 16000 Tonnen. Deutschland ist kein ausgesprochenes Teeland wie Großbritannien oder die Sowjetunion, der Pro-Kopf-Verbrauch pflegt 250 Gramm jährlich nicht zu übersteigen. Aber Statistiken lügen meistens. Jeder Bundesdeutsche kann schon deshalb keine 250 Gramm Tee pro Jahr verbrauchen, weil von der Gesamtmenge der Importe ein gutes Viertel allein in die ostfriesischen Teetassen wandert. Und das, obwohl die Ostfriesen noch nicht einmal zwei Prozent der Bundesbevölkerung ausmachen.
»Ostfriesische Gemütlichkeit hält stets ein Täßchen Tee bereit«, heißt es bei den Ostfriesen. Und das »stets« ist wörtlich zu nehmen. Tee gibt es schon morgens als Frühstücksgetränk, dann gegen elf Uhr als erfrischendes »Elfürtje« mit einem Glas Schnaps. Haupt-»Teetied« ist nachmittags zwischen zwei und drei Uhr. Und natürlich gibt es Tee auch nach dem Abendessen. Stets handelt es sich um tiefdunkel aufgebrühten Tee (alles andere ist für die friesische Hausfrau »Spölwater«), verfeinert mit einem Kluntje weißen Kandiszuckers und einem Wulkje Rohm, einem Wölkchen Sahne, das beileibe nicht mit dem Tee verrührt werden darf – der Teelöffel hat ausschließlich die Aufgabe, in die Tasse gestellt zu werden, wenn man keinen Tee mehr nachgeschenkt haben will.
Bei einer Tasse bleibt es meistens nicht – »dreemal ist Ostfriesenrecht«. Das Stück Kandiszucker wird deshalb meist gleich so groß gewählt, daß es für drei Tassen reicht. Ohne Tee ist für Ostfriesen das Leben nicht lebenswert. Als Friedrich der Große 1768 die Teeimporte beschränkte, setzten sie schnell eine Aufhebung des Edikts durch. Und auch als Napoleon I. 1806 alle Importe blockierte, ergriffen sie Gegenmaßnahmen und wurden zu Schmugglern.

Rheinland und Westfalen

Die rheinische Koch- und Eßkunst hat viele Gesichter. Sie ist international und lokal zugleich, anspruchsvoll und schlicht in einem. Aber es fällt schwer, sich auf typisch rheinische Speisen zu besinnen – auf solche, die es nur hier und sonst nirgendwo gibt, die den Charakter von Nationalgerichten haben. Was im Rheinland auf den Speisekarten steht, gibt es, von wenigen Ausnahmen abgesehen, auch in anderen Gegenden. Typisches Beispiel dafür ist der Rheinische Sauerbraten, der sich nur in Nuancen von den verwandten Gerichten anderer deutscher Landschaften unterscheidet.

Das mag zum einen daran liegen, daß die landwirtschaftliche Erzeugung in dieser Region eine kleinere Rolle spielt als in anderen Landstrichen. Eindeutige Impulse, die von bestimmten »Hauptzutaten« ausgehen könnten, machen sich hier nicht bemerkbar. Zum anderen ist die Weltoffenheit der rheinischen Küche aber auch historisch bedingt. Am Rhein, der verkehrsreichsten Wasserstraße Europas, strömten von jeher unterschiedliche Einflüsse zusammen – von den Ubiern und Römern über die Franken und Franzosen bis zu den Preußen. Jede Epoche hinterließ auch auf dem Gebiet der Koch- und Eßkunst ihre Spuren und sorgte für eine Vielschichtigkeit, deren Ergebnis eine zugleich originelle und temperamentvolle Küchenlandschaft war.

Am Rhein ißt man gerne, aber man nimmt das Essen – wie auch so manches andere in unserem Dasein – nicht so schrecklich ernst. Paradebeispiel für diese allgemeine Einstellung ist die Institution des Karnevals. Auf der Speisekarte wirkt sich die Kunst, sich selbst auf den Arm zu nehmen, in parodierenden Bezeichnungen für bestimmte Gerichte aus. Es sei nur an den Halven Hahn erinnert, der eigentlich ein Käsebrötchen ist, oder an den Kölschen Kaviar, bestehend aus schlichter Blutwurst mit Senf.

Die bürgerliche Küche des Rheinlandes schwört, vom Sauerbraten abgesehen, auf eine Reihe von Eintopfgerichten, bei denen die Kartoffel fast immer eine beherrschende Rolle spielt, und sie schätzt fleischliche Genüsse wie ein saftiges Hämmchen (Eisbein) oder ein Schweinekotelett, hier Karmenat (Karbonade) genannt. Die Fischküche spielt keine große Rolle – vorbei sind die Zeiten, da der Rheinlachs so oft auf den Tisch kam, daß die hohe Obrigkeit das Dienstpersonal vor einer Überfütterung mit Lachs in Schutz nehmen mußte. Was an Fisch gegessen wird, kommt von der Küste – darunter auch die Miesmuscheln, deren größte binnenländische Abnehmer die Rheinländer sind.

Auf der Getränkekarte stehen neben Wein – der nördlichste Weinberg der Bundesrepublik liegt nicht weit vom Bonner Bundeshaus entfernt – und vielen klaren Schnäpsen (»Schabau«) vor allem zahlreiche Biersorten. Berühmt sind die obergärigen Biere in Köln (»Kölsch«) und Düsseldorf (»Alt«), ihre Beliebtheit hat in den letzten Jahren stark zugenommen.

Das benachbarte Westfalen, seit 1947 mit dem nördlichen Rheinland zum Bundesland Nordrhein-Westfalen zusammengespannt, hat andere Küchentraditionen als die Landschaft am Rhein. Hier kocht man kräftig und reichlich auf der Basis überlieferter Rezepte und verhält sich Experimenten gegenüber kritisch. Visitenkarte des Landes ist das »Westfälische Abendmahl«, eine Schinkenplatte mit dunk-

lem Brot, Bier und Steinhäger. Der Schinkenlieferant, das Schwein, gilt als des Westfalen liebstes Tier. Es ist auch die Grundlage der zahlreichen Fleischwarenfabriken des Landes.
Aus Westfalen kommen außerdem zahlreiche Landbrotsorten und natürlich der berühmte Pumpernickel, ein schwarzes Delikateßbrot aus Roggenschrot. Seine Herstellung ist kompliziert. Der Teig muß bis zu 20 Stunden gären, bevor er in den Ofen darf, und auch der Backprozeß dauert 20–24 Stunden.
Das bekannteste westfälische Produkt ist der Steinhäger, ein Wacholderbranntwein mit speziellem Herstellungsverfahren. Die Wacholderbeeren werden zunächst vergoren und dann gebrannt. Der dabei entstehende Rauhbrand, Wacholderlutter genannt, wird mit Korn- oder Kartoffelsprit vermischt und destilliert. Nur der aus dem »brennenden Dorf« Steinhagen bei Bielefeld stammende Steinhäger darf als »Echter Steinhäger« bezeichnet werden.
Pfefferpotthast und Pannhas, Pickert und Dicke Bohnen, Töttchen und Blindhuhn schmecken am besten mit einem süffigen Bier. Es kommt aus zahlreichen großen und kleinen Brauereien überall im Land. Auch Altbier ist stark gefragt. Beim Pinkus Müller in Münster und in anderen Spezialgaststätten kann man sogar eine süffige Altbierbowle trinken. Die größte Brauerstadt Westfalens (und des Bundesgebietes) ist Dortmund. Ihr Bierausstoß liegt noch über demjenigen von München – und das will etwas heißen. Allerdings wird nur der kleinere Teil des Dortmunder Biers an Ort und Stelle getrunken. Der größere Prozentsatz wird zur Befriedigung durstiger Kehlen außerhalb Westfalens hergestellt und in alle Welt exportiert.
Zu erwähnen sind schließlich noch die Backkünste Nordrhein-Westfalens. Spekulatius und Printen kennt man überall, sie haben ihren Ursprung wahrscheinlich in Aachen. Als wichtigstes Traditionsgebäck gelten die Kölner Muuzemändelchen, mandelförmige Rührteigbällchen, die in heißem Fett schwimmend gebacken werden. Sie wurden früher vor allem am Fettdonnerstag hergestellt, am Tag der Weiberfastnacht. Im Bergischen Land werden Plattenkuchen, belegt mit Streuseln, Zucker und Butter oder Früchten, bevorzugt. Zur berühmten Bergischen Kaffeetafel gehören mehrere Gebäcksorten. Obstkuchen sind auch in Westfalen beliebt, an der Spitze die traditionelle »Appeltate«, eine Art Apfelkuchen.

3 kg Miesmuscheln
2–3 Zwiebeln
½ Sellerieknolle
1 Mohrrübe
1 Bund Petersilie
20 g Butter
⅛ l Wasser
1 TL Kümmel
4 Pfefferkörner
4 Wacholderbeeren
1 Lorbeerblatt
Salz
½ l trockener Weißwein

Muscheln einzeln unter fließendem Wasser mit einer Bürste säubern, dabei nicht ganz geschlossene Muscheln aussondern und wegwerfen. Die Muscheln mehrmals in frischem Wasser waschen und alle Sandreste abspülen.
Zwiebeln schälen und grob schneiden. Sellerie und Mohrrübe putzen und ebenfalls schneiden. Petersilie waschen und grob hacken. Butter in einem großen Topf erhitzen. Zwiebeln, Sellerie, Mohrrübe und Petersilie hineingeben und kräftig andünsten. Wasser angießen und bei geschlossenem Topf 10 Minuten durchkochen. Dann Muscheln, Gewürze und Salz dazugeben und den Wein angießen. Die Muscheln in etwa fünf Minuten garen – sie sind fertig, wenn sich die Schalen geöffnet haben. Ungeöffnete Muscheln wegwerfen. Die Muscheln auf vorgewärmte tiefe Teller verteilen. Brühe durchsieben, abschmecken und über die Muscheln gießen.
Dazu gibt es Schwarzbrot mit Butter oder auch französisches Stangenweißbrot. Löffel für die Brühe und Teller für die leeren Muschelschalen nicht vergessen.

Muscheln in Weißwein

Seit ziemlich genau 200 Jahren ist die Vorliebe der Rheinländer für Miesmuscheln aktenkundig. Zuerst gab es die preiswerte Delikatesse in den Schifferkneipen am Rhein. Dann wurde sie von den Vertretern der feinen Küche entdeckt. Heute bietet im Rheinland während der Muschelmonate mit r, also von September bis April, jedes namhafte Restaurant Miesmuscheln an, vor allem aber die speziellen »Muschelhäuser«. Nirgendwo in Deutschland werden alljährlich solche Muschelmengen verzehrt wie am Rhein, begleitet von einem spritzigen Altbier oder einem trockenen Weißwein.
Miesmuscheln sind im Vergleich zu den Austern eine eher prosaische Nahrung. Zu dieser Erkenntnis kommt man jedenfalls nach Durchsicht der einschlägigen Literatur. Auf die Auster wurden zahlreiche hochtönende Lobsprüche verfaßt. Von der Miesmuschel redete kein Literat und kein Küchenhistoriker. Dabei spielt sie in der menschlichen Ernährung eine bedeutend größere Rolle als die Auster, zumindest in Europa. Die anspruchslose Miesmuschel kommt an fast allen Küsten noch in riesigen Mengen vor. Das war schon in grauer Vorzeit so. Bei der Untersuchung jungsteinzeitlicher Abfallhaufen an den Küsten Dänemarks und Schleswig-Holsteins, den sogenannten Kjökkenmöddingern, fanden sich neben den Überbleibseln von Keramikgefäßen, Küchengeräten, Werkzeugen und Knochen vor allem große Mengen von Muschelschalen. Die bis zu drei Meter hohen, 300 Meter langen und 150 Meter breiten Kjökkenmöddinger entstanden in der Epoche zwischen 10000 und 6000 v. Chr. Heute stammt nur noch ein kleiner Teil der Miesmuscheln aus natürlichem Wachstum. Überall an den Küsten gibt es Muschelkulturen, die regelmäßig abgeerntet werden: An Holzpflöcken gedeihen Muscheln besser als auf dem Meeresgrund. Die ältesten europäischen Kulturen wurden schon im 13. Jahrhundert in der Nähe von La Rochelle angelegt.
Um »miese« Muscheln handelt es sich übrigens keineswegs, sondern um »Moosmuscheln«, aus denen dann sprachlich die Miesmuscheln wurden. Als Moos bezeichnete man früher die Bart- oder Byssusfäden, mit denen sich die Tiere an Pfählen oder Steinen anheften.

Hechtsalat »Henriette Davidis«

(6 Personen)

1 kleiner Hecht (1 bis 1,5 kg)
1 l Wasser
Salz
2 EL Essig
1 Paket TK-Shrimps (150 g)
2 TL Zucker
5 EL heißes Wasser
1/8 l saure Sahne
1 Röhrchen Kapern
200 g Gewürzgurken (Glas)
1 Bund Schnittlauch
4 EL Öl
Saft einer Zitrone
1 Kopf grüner Salat

Hecht schuppen, innen und außen abspülen und trockentupfen. In leicht gesalzenem, mit Essig gesäuertem Wasser etwa 10 Minuten kräftig kochen, dann 15 Minuten bei schwacher Hitze ziehen lassen. Shrimps in einer Schüssel auftauen lassen. Zucker in heißem Wasser auflösen, etwas abkühlen lassen, mit der sauren Sahne mischen und in den Kühlschrank stellen. Kapern hacken, Gurken fein würfeln, Schnittlauch fein schneiden. Den garen Hecht abschrecken, enthäuten und das Fleisch zerpflücken, dabei von den Gräten befreien. Hechtfleisch mit Shrimps, Kapern, Gurken und Schnittlauch in eine Schüssel geben, salzen, mit Öl und Zitronensaft beträufeln. Gekühlte Sahne unterziehen. Den Salat 30 Minuten kühl gestellt durchziehen lassen. Glasschale mit Kopfsalatblättern auslegen und den Salat hineinfüllen.

Zur feineren Küche gehörte und gehört seit langem die eine oder andere Hechtzubereitung. Diese hier, ein vielseitiger Salat, hat ihren Namen nach einer prominenten Kochbuchautorin, nach Henriette Davidis aus Wengern an der Ruhr, deren »Praktisches Kochbuch für die gewöhnliche und feinere Küche« zu den erfolgreichsten Kochbüchern aller Zeiten zählt – es erlebte in 140 Jahren mindestens 76 Auflagen und ist noch heute im Buchhandel zu haben.
Henriette Davidis, im Familienkreis Jettchen genannt, kam 1801 als zehntes von 13 Kindern eines evangelischen Pfarrers zur Welt. Eigentlich lagen die Interessen der heranwachsenden jungen Dame nicht auf kulinarischem, sondern eher auf lyrischem Gebiet. Aber »ihre Gedichte erwiesen sich als Erbauungstraktate, besprengt mit sittsamen Sehnsuchtszähren gutbürgerlicher Jungfräulichkeit und verziert mit einigen Gran Mondscheinwehmut und Nachtigallenschlag«, wie einer ihrer Biographen vermerkte.
Die ausgebildete Erzieherin übernahm 1841 die Leitung einer Mädchenarbeitsschule in Sprockhövel. Zum Lehrprogramm gehörte auch die Kochkunst für bessergestellte höhere Töchter. Um ihren Elevinnen etwas Bleibendes auf den Lebensweg mitgeben zu können, faßte Jettchen ihre erprobten Kochrezepte zu einem Kochbuch zusammen. Von dem wollte allerdings lange kein Verleger etwas wissen. Erst der vierte Versuch führte zum Erfolg. Schon nach einem Jahr mußte die zweite Auflage gedruckt werden. 1848 konnte Henriette Davidis ihren Posten in Sprockhövel aufgeben und sich ganz der Produktion nützlicher Bücher widmen. Sie gab Ratschläge für den Gemüsegarten und die beste Art der Haushaltsführung, schrieb Bücher für Puppenköchinnen und -mütter und verfaßte eine Werbeschrift für Liebigs Fleischextrakt, jene berühmte Spezialität, die der Mineraldüngerpapst Justus von Liebig erfunden hatte und die eine Fabrik in Südamerika aus Rindfleisch herstellte.
Das Pfarrhaus in Wengern steht längst nicht mehr. Aber die Kaminplatten von Jettchens Herd gibt es noch – sie wurden in einer Bahnunterführung dicht neben der einstigen Pfarrei eingemauert, und natürlich findet sich in Wengern auch eine Davidisstraße.

SPITAL

Bergischer Heringsstipp

4 Salzheringe (Milchner)
¼ l Buttermilch
2–3 Zwiebeln
2 mürbe Äpfel
1 Gewürzgurke
1 Lorbeerblatt
je 6 Pfeffer- und Senfkörner
¼ l saure Sahne
1 EL Zitronensaft

Heringe ausnehmen und waschen, mehrere Stunden wässern, dabei das Wasser häufig wechseln. Über Nacht in Buttermilch ziehen lassen. Am nächsten Tag Kopf, Schwanz, Flossen, Haut und Gräten entfernen, die Heringsfilets in mundgerechte Happen zerteilen.
Zwiebeln schälen und in Ringe schneiden. Äpfel schälen, vom Kernhaus befreien und in dünne Scheiben schneiden. Gurke in Scheiben schneiden. Heringsmilch durch ein Sieb streichen, mit Gewürzen, Sahne und Zitronensaft vermengen.
Heringsfilets lagenweise abwechselnd mit Zwiebelringen, Apfel- und Gurkenscheiben in eine Schüssel oder einen kleinen Steintopf füllen, die Sahnemischung darübergeben. Im Kühlschrank 2–3 Tage ziehen lassen.
Dazu passen Butter mit Schwarz- oder getoastetem Weißbrot oder auch junge Pellkartoffeln.

Eingelegte Heringe gibt es in allen deutschen Landschaften, und es ist müßig, darüber nachzudenken, wer dieses delikate Gericht erfunden haben könnte.
Unsere Rezeptur stammt aus dem Bergischen Land; sie bezieht ihren besonderen Reiz durch die eingerührte Heringsmilch. Heringsstipp wird im allgemeinen als Vorspeise gereicht. Er wirkt appetit- und vor allem durstfördernd. Man kann ihn aber auch mit Pell- oder Bratkartoffeln kombinieren und hat dann ein komplettes Abendessen.
Es war schon (auf Seite 14) die Rede davon, daß wir uns heute mit wesentlich geringeren Heringsmengen begnügen müssen als unsere Väter. Von den Heringsschwärmen früherer Jahrhunderte berichten die Chronisten Wunderdinge. Vor allem vom 15. Jahrhundert an wurde das Geschäft mit dem Hering, den man inzwischen einzusalzen und zu räuchern gelernt hatte, zu einer wahren Goldgrube für die nordischen Küstenvölker, von denen schließlich viele auf Gedeih und Verderb vom Hering abhingen.
Ältere Autoren vergleichen die Heringswanderungen zu den Küsten ins flachere Wasser mit dem Ansturm eines Mongolenheeres: »Millionen von Tieren bewegen sich als eng zusammengedrängte, glitzernde Masse durch das Wasser. Besonders die Heringe wälzen sich in wahren Bergen heran – der Norweger spricht in der Tat vom ›Sildebjerg‹ ... Dringen diese Schwärme in die Küstenengen und Fjorde ein, dann können sie leicht abgeriegelt werden; die Fänge sind dann gewaltig.« Es klingt übertrieben, aber manchmal war der Fischreichtum Anno dazumal so gewaltig, daß die Schiffe in den Massen der Heringe steckenblieben.
Schon früher kam es vor, daß die großen Heringsschwärme für einige Jahre ausblieben. Die Fischer führten das dann auf den Einfluß von Hexen zurück – oder darauf, daß einer von ihnen versehentlich einen »Königshering« gefangen haben könnte, eine Art Leithammel der Heringsschwärme – kein Wunder, wenn die daraufhin führerlosen Heringe sich anderen Küsten zuwandten.

Martinsgans mit Rotkohl

(6 Personen)

1 vorbereitete Gans (3–4 kg)
Salz
weißer Pfeffer aus der Mühle
500 g Maronen
½ l Fleischbrühe
500 g Äpfel
125 g Rosinen
1 Stengel Beifuß
20 g Speisestärke
1 großes Glas Rotkohl
1 Prise Salz
½ TL Zucker
1 EL Essig
1 TL Zwiebelgranulat

Gans innen und außen salzen und pfeffern. Keulen und Flügel mit Küchengarn an den Leib binden. Maronen kreuzweise einschneiden, auf dem Backblech in den 200°C heißen Backofen schieben und erhitzen, bis sich Schale und Innenhaut leicht entfernen lassen. Die Maronen in Fleischbrühe halbweich dünsten, abtropfen lassen. Äpfel schälen, vom Kernhaus befreien und in Scheiben schneiden. Rosinen waschen und abtropfen lassen. Die Gans mit Maronen, Apfelscheiben, Rosinen und Beifuß füllen, zunähen und mit der Brustseite nach unten auf den Bratrost legen, mit ⅛ l kochendem Wasser begießen und in den Backofen schieben. Unter regelmäßigem Begießen in 2–3 Stunden gar braten.
15 Minuten vor der Fertigstellung mit dem Begießen aufhören, damit die Haut knusprig wird. Gans herausnehmen, zerteilen und mit der Füllung auf einer vorgewärmten Platte anrichten. Fond mit etwas Brühe oder Wasser loskochen, mit kalt angerührter Speisestärke binden und abschmecken.
Für den Rotkohl den Glasinhalt in eine Kasserolle geben, mit Salz, Zucker, Essig und Zwiebelgranulat verfeinern und abschmecken.

Zu Anfang November sind die Gänse, das ganze Jahr über sorgfältig gemästet, schön fett und schlachtreif. So pflegt man die erste von ihnen zu probieren – im Süden Deutschlands im allgemeinen am Kirchweihtag, im Norden eher am Martinstag, dem 11. November.
Was hat der heilige Martin mit den Gänsen zu tun? Die Heiligenlegende berichtet, Martin sei im Jahre 371 oder 372 von Klerus und Volk zum Bischof von Tours in Frankreich gewählt worden. Von dieser Ehre wollte der eher menschenscheue Mönch und Eremit aber nichts wissen. Er versteckte sich in einem Gänsestall. Aber die Gänse begannen zu schnattern, als die Sendboten der Diözese Tours sich näherten. Martin wurde im Triumphzug in die Stadt geführt und mußte sich die bischöfliche Mitra aufs Haupt setzen lassen.
Seitdem ist Martin nicht nur der Patron der Armen und Verfolgten (einst hatte er seinen Mantel mit einem Bettler geteilt), sondern auch der Schutzheilige der Gänse. Außerdem ist er für alle Haustiere zuständig, überdies für Soldaten und Waffenschmiede (als junger Mann war er selbst Soldat) und für die textilverarbeitenden Berufe (wohl wegen des geteilten Mantels). Wer ihn anruft, fördert darüber hinaus die Fruchtbarkeit der Felder.
In vielen Gegenden Deutschlands wird Martin mit Lampionumzügen, Martinsfeuern und Martinsritten gefeiert – und eben mit dem Verzehr eines Gänsebratens.
Ursprünglich hatte die Gans am Martinstag freilich eine andere Bedeutung. An diesem Tag hatte der Bauer dem Grundherrn den Pachtzins zu zahlen. Auch der an die Geistlichkeit zu entrichtende Zehnte war in Naturalien fällig. Fette Gänse waren oft das geeignete Zahlungsmittel – und was lag näher, als die Martinsgans zu diesem Zeitpunkt auch gleich zu verzehren? An Sankt Martin erinnert aber auch noch etwas anderes. Sein halbierter Mantel wurde von den merowingischen Königen als Reichskleinod verehrt. Sie bauten eine kleine Kirche für diese »Cappa« und nannten sie »Cappella«. Daher kommt unsere Bezeichnung »Kapelle« für eine kleine Kirche, und der »Kaplan« war jener Geistliche, der das Reichskleinod zu bewahren und in der Prozession mitzutragen hatte.

Dortmunder Pfefferpotthast

750 g Rindfleisch (Rippe oder Schulter)
500 g Zwiebeln
50 g Schweine- oder Butterschmalz
Salz
1 TL Pfeffer aus der Mühle
2 Lorbeerblätter
4 Gewürznelken
3 Zitronenscheiben mit Schale
2–3 EL Semmelmehl
1 EL Kapern
1–2 EL Zitronensaft

Rindfleisch waschen, mit Küchenkrepp trockentupfen, in kleine Würfel schneiden. Zwiebeln schälen, die Hälfte davon in Scheiben schneiden, die andere Hälfte fein würfeln. Zwiebeln in einem Topf in heißem Schmalz glasig braten, dann das Fleisch dazugeben und kräftig anrösten. Salzen und pfeffern, so viel Wasser angießen, daß der Topfinhalt bedeckt ist. Lorbeerblätter, Gewürznelken und Zitronenscheiben hinzufügen. Im zugedeckten Topf unter gelegentlichem Umrühren etwa 70 Minuten bei schwacher Hitze kochen. Lorbeerblätter, Gewürznelken und Zitronenscheiben herausnehmen. Semmelmehl hineinrühren, nochmals 10 Minuten durchkochen. Kapern hineingeben, mit Zitronensaft, Salz und Pfeffer abschmecken.
Dazu passen Salzkartoffeln und Salz- oder Gewürzgurken und eingelegte rote Beten.

Das Lieblingsgericht der Dortmunder konnte man schon im 14. Jahrhundert auf den Dortmunder Märkten kaufen. Damals wurde die freie Reichsstadt Dortmund von den Grafen von der Mark belagert. Eine adlige Dortmunderin, Agneta von Vierbecke, hielt es mit den Belagerern. Sie versuchte, feindliche Soldaten unter Brennholz und Heu versteckt in die Stadt einzuschmuggeln. Den Wachtposten am Stadttor bewog sie dazu, die äußerlich ganz harmlosen Fuhrwerke einzulassen. Anschließend sollte er ihr auf dem Markt eine Portion Pfefferpotthast kaufen. So geschah es auch – aber der Trick mit dem »trojanischen Fuhrwerk« kam ans Tageslicht, die Kriegslist scheiterte. Agneta von Vierbecke wurde in ein Verlies gesperrt, einem peinlichen Verhör unterzogen und noch am gleichen Tag unter reger Anteilnahme ihrer Landsleute bei lebendigem Leibe verbrannt.
Dem Ansehen des Dortmunder Nationalgerichtes hat dieser tragische Vorfall nicht geschadet. Pfefferpotthast ist nicht nur das Standardgericht für Kegelabende und Betriebsausflüge, Schützen- und Feuerwehrfeste, er wird seit langem auch bei offiziellen Einladungen der Stadt serviert. Früher galt das »westfälische Gulasch« auch als unentbehrlich auf jeder besseren Hochzeitstafel.
Die für fremde Ohren seltsam klingende Bezeichnung ist leicht zu erklären. Die Namensbestandteile beziehen sich auf die kräftige Würzung (Pfeffer), die Zubereitungsart (Pott = Topf) und das geschmorte Fleisch (Hast).
Das Rezept aus dem berühmten Kochbuch der Henriette Davidis:
»Hierzu werden hauptsächlich die sogenannten kurzen Rippen genommen, solche in ½ Hand große Stückchen gehauen, mit nicht zu reichlich Wasser und nicht zu viel Salz ausgeschäumt. Dann fügt man so viel kleingeschnittene Zwiebeln hinzu, daß die Sauce dadurch sämig wird, gibt Pfeffer und Nelkenpfeffer (ungestoßen), einige Lorbeerblätter und späterhin auch einige Zitronenscheiben hinzu. Sollte der Sauce, welche zwar ganz gebunden, aber nicht zu dicklich sein darf, auch nach Gewürz schmecken muß, noch Sämigkeit fehlen, so kann man zuletzt etwas feingestoßenen Zwieback gut durchkochen lassen.«

1 kg Kartoffeln
Salz
1 kleine Zwiebel
50 g Butter
1 kg säuerliche Äpfel
30 g Butter
geriebene Muskatnuß
1 Prise Zucker
½ TL zerriebener Thymian
⅛ l Milch
4 Zwiebeln
Bratenfett
4–8 Scheiben Blutwurst
2 EL Mehl

Kartoffeln schälen und würfeln, in leicht gesalzenem Wasser garen. Zwiebel schälen und fein hacken, in der Butter andünsten. Äpfel schälen, vom Kernhaus befreien und würfeln. Apfelwürfel zur gewürfelten Zwiebel geben und unter Umrühren dünsten.
Kartoffeln abgießen und zerstampfen, mit Butter (30 g), Muskat, Zucker und Thymian vermengen. Heiße Milch dazugeben und die Kartoffeln zu glattem Püree verarbeiten. Gedünstete Zwiebel- und Apfelwürfel unterheben, den Brei auf einer vorgewärmten Platte anrichten und warm halten.
Zwiebeln schälen und in Ringe schneiden, in heißem Fett goldbraun rösten. Blutwurst in Mehl wenden und beiderseits kräftig anbraten. Wurstscheiben auf dem Püree anrichten und mit Zwiebelringen überhäufen.

Himmel und Erde

(6 Personen)

Unter den Kölner Spezialitäten hat Himmel und Erde seit jeher einen guten Namen. Äpfel (vom Himmel) und Kartoffeln (aus der Erde) verbinden sich mit Zwiebeln und gebratener Blutwurst zu einer Art Eintopf, den die Hausfrau einst bevorzugt am arbeitsreichen Samstag oder am Hausputztag auf den Tisch brachte. An Ort und Stelle heißt das Gericht »Himmel un Ähd met Blootwoosch«, was für »Imis« (Imitierte, d.h. zugereiste Neukölner) nicht leicht auszusprechen ist. Die Testfrage zur Feststellung, ob einer wirklich in Köln mit Rheinwasser getauft wurde, heißt denn auch: »Sag ens Blootwoosch!«
Damit sind wir schon mitten in der Kölner Küchenlandschaft mit ihren teils für den Auswärtigen schwer verständlichen, teils absichtlich parodierenden Speisenbezeichnungen. Daß sich hinter einem Rievkooche ein Reibekuchen oder Kartoffelpuffer versteckt, ist durchaus noch einzusehen. Schwieriger ist es schon, den Ähdäppelschlot als Kartoffelsalat zu erkennen. Hirringsschlot ist demzufolge Heringsund Kappesschlot Kohlsalat. Beliebt sind Hämmche met soore Kappes, hochdeutsch Eisbein mit Sauerkraut. Röbe sind Steckrüben, Schönzeneere oder Ärmlücksspargel dagegen Schwarzwurzeln (Armeleutespargel), und die kölsche Aussprache für Erbsen läßt sich nur mit Ähze wiedergeben. Schließlich gehört es noch zur kölschen Allgemeinbildung, daß man Käse als Kies bezeichnet, wogegen Quark mit dem schönen Namen Klatschkies umschrieben wird.
Nun zum kölnisch-kulinarischen Ulk, der vor allem in den Bierkneipen blüht. Wenn Sie kölschen Kaviar bestellen, bekommen Sie ein Röggelchen (Roggenbrötchen) mit Blutwurst und Senf. Flönz mit Musik ist eine Abwandlung davon – Zwiebelringe ersetzen in diesem Fall den Senf, und Flönz ist nur ein anderer Name für Blutwurst. Wießer Hennes (Weißer Hans) hieß einst in Düsseldorf die Leberwurst wegen ihres weißen Fettrandes. Als der in Kriegszeiten verschwand, wurde die Wurst in Stockfärv umgetauft, was schlicht »Fensterkitt« heißt. Der berühmte Halve Hahn, wiederum ein Röggelchen, diesmal belegt mit Käse und bestrichen mit Senf (»met Kompott«), war in Köln schon im 15. Jahrhundert bekannt.

Westfälisches Blindhuhn

250 g weiße Bohnen
1½ l Wasser
350 g durchwachsener Speck
je 300 g Mohrrüben,
grüne Bohnen und Kartoffeln
je 250 g Äpfel und Birnen
Salz
weißer Pfeffer aus der Mühle
1 Prise Zucker
1 Bund Petersilie

Bohnen am Vorabend waschen, in kaltem Wasser einweichen. Am nächsten Tag mit dem Einweichwasser aufsetzen und etwa 80–90 Minuten kochen. Nach 30 Minuten den Speck dazugeben und mitkochen. Mohrrüben putzen und in Scheiben schneiden, Bohnen putzen, bei Bedarf abfädeln, brechen oder schnippeln, Kartoffeln schälen und würfeln. Äpfel und Birnen vierteln, schälen und vom Kernhaus befreien. Gemüse und Obst nach 60 Minuten Kochzeit zu den weißen Bohnen geben, mit Salz, Pfeffer und Zucker würzen. Nach Ende der Garzeit Speck herausnehmen und in dicke Scheiben schneiden. Blindhuhn in eine vorgewärmte Schüssel umfüllen und mit gehackter Petersilie bestreuen. Die Speckscheiben auflegen.
Dazu kann man ein kräftiges Bauernbrot anbieten.

Ein »westfälisches Nationalgericht« nannte Henriette Davidis diesen munteren Eintopf in ihrem berühmten »Praktischen Kochbuch«. Blindhuhn ist so beliebt, daß sich das Gericht hinter vielen Namen versteckt – unter anderem Nachlese, Gänsefutter sowie Husch und Susch. Wenn Blindhuhn auf den Tisch kommt, herrscht andächtige Stille: »Wenn de Katten muset, dann janket se nich« (Wenn die Katze auf Mäusefang ist, dann miaut sie nicht), sagt ein altes westfälisches Sprichwort. Unsere Rezeptur ist modernen Gegebenheiten vorsichtig angepaßt. Für den Fall, daß Sie Blindhuhn original à la Henriette Davidis zubereiten wollen, folgt hier der Text der westfälischen Pfarrerstochter aus dem Jahre 1844: »Es wird ein Stückchen Schinken oder Speck vorab gekocht, grüne Bohnen, welche schon etwas härtlich sein können, tüchtig gewaschen und auf einem Küchenbrettchen kleingeschnitten, ausgeschotete weiße Bohnen hinzugetan, reichlich halb so viele gelbe Wurzeln (Mohrrüben) wie grüne Bohnen in kleine Würfel geschnitten, alles gespült und nach und nach bei jedesmaligem Durchkochen zu dem Schinken gegeben. Hat man Birnen, so gibt man einige geschälte, in Viertel geschnittene und, wenn das Gemüse beinahe gar ist, Kartoffeln mit dem nötigen Salz, nebst geschälten, in Stücken geschnittenen Äpfeln hinzu und läßt es weich kochen. Darauf wird das Stück Schinken herausgenommen, etwas Pfeffer und Mehl mit wenig Wasser angerührt hinzugefügt und das Gemüse damit durchgeschwenkt.«
Die tüchtige Henriette ergänzte diese Kochvorschrift noch mit einer wichtigen Anmerkung: »Blindhuhn muß recht sämig und saftig gekocht sein und von den Äpfeln nur einen etwas säuerlichen Geschmack erhalten. Wenn man zu wenig Äpfel oder keine hinzufügen kann, so wird das Mehl mit Essig angerührt.« Bleibt nur noch hinzuzufügen, daß die Birnen auf keinen Fall fehlen sollten. Sonst würde es sich nicht um ein westfälisches, sondern um ein niedersächsisches Blindhuhn handeln.

Rheinischer Sauerbraten

1 kg Rinderbraten
60 g Bratenfett

Für die Marinade:
¼ l Weinessig, ½ l Wasser, 2 EL Öl
½ TL Salz, 2 geschnittene Zwiebeln
1 Mohrrübe, ½ Petersilienwurzel
5 Pfefferkörner, 2 Gewürznelken
1 TL Senfkörner
1 Lorbeerblatt, 2 Wacholderbeeren

Für die Sauce:
125 g Rosinen
Salz, schwarzer Pfeffer aus der Mühle
1 Saucenlebkuchen
1–2 EL Apfelkraut (Apfelsirup) oder
Johannisbeergelee, ⅛ l Sahne

Rinderbraten waschen. Marinadezutaten aufkochen, abkühlen lassen und in einer Schüssel über das Fleisch gießen, 2–3 Tage unter gelegentlichem Wenden marinieren. Das abgetropfte und mit Küchenkrepp trockengetupfte Fleisch in heißem Fett anbraten, durchgesiebte Marinade angießen und den Braten unter gelegentlichem Beschöpfen garen. Rosinen überbrühen, abtropfen lassen und 15–20 Minuten mitschmoren. Die Sauce mit Salz und Pfeffer abschmecken, mit dem zerbröselten Lebkuchen binden, mit Apfelkraut (oder Johannisbeergelee) und Sahne verfeinern. Den fertigen Braten in Scheiben schneiden und mit der Sauce servieren. Dazu gibt es Kartoffelklöße oder Reibekuchen und Apfelmus.

Als sich der Kölner Autor Peter Fuchs vor ein paar Jahren daran machte, den Küchengeheimnissen am Rhein auf den Grund zu gehen und »die ganz große Spezialität« herauszudestillieren, mußte er schließlich zugeben: »Es gibt im lukullischen Sinne keine eigentliche Kölner Spezialspeise, die als Einmaligkeit und Delikatesse in internationalen Rezeptbüchern steht und sich als ›original‹ über andere hinausheben würde. Hier (in Köln) ist Paris genauso original auf der Tafel wie Holland.« Und natürlich fand sich auch eine Begründung für diese Feststellung: »Die offene Wesensart der ganzen westlichen Landschaft läßt eigentlich keinen ›lukullischen Separatismus‹ zu, wie das in mehr abgeschlossenen Gebieten möglich ist. In den Rheinlanden wird sozusagen hinüber und herüber gegessen. Und wenn sich mal irgendwo irgendwas Besonderes entwickelt, ist es sehr schnell Allgemeinbesitz und so vielfältig abgewandelt, daß es nicht mehr haushoch über anderem steht. Dadurch nivelliert sich zwar die Eßkultur, jedoch auf einer Stufe, die generell hochkultiviert genannt werden muß.«

Eine Ausnahme von der Regel fand Autor Fuchs allerdings doch: den Rheinischen Sauerbraten, der kulinarisch »zwischen den Fronten« der internationalen Feinschmecker und der lokalen Hausmannskost steht, sozusagen als »gesellschaftsfähige Hausfrauenart«. Am Rhein versteht man ihn »gekonnt« zuzubereiten und zu servieren. Auf jeden Fall gehört eine mit Rosinen und Saucenlebkuchen verfeinerte und gebundene Sauce dazu – sonst handelt es sich eben nicht um die rheinische Art des auch im übrigen Deutschland weit verbreiteten Sauerbratens.
Wie es überhaupt zu diesem »angesäuerten«, dadurch mürberen und schmackhafteren Rindfleisch gekommen ist, läßt sich leicht erklären. Vor der Erfindung moderner Kühlmethoden, vor allem des Tiefgefrierens, gab es nur drei Möglichkeiten, frisch geschlachtetes Fleisch über einen längeren Zeitraum aufzubewahren. Man konnte es einsalzen, räuchern und eben sauer einlegen. Bleibt noch zu ergänzen, daß Sauerbraten einst mit Vorliebe aus Roßfleisch zubereitet wurde. Kenner bezeichnen ihn als sehr delikat.

Soester Quarkspeise

500 g Quark
3/8 l Milch
2 EL Zucker
1 Päckchen Vanillezucker
125 g Pumpernickel
1 EL Zucker
3 Schnapsgläschen (6 cl) Rum
125 g halbbittere Schokolade
1 kleines Glas Preiselbeeren

Quark durch ein Sieb rühren, mit der Milch zu einer glatten Creme vermischen und dabei Zucker und Vanillezucker zugeben. Pumpernickel fein zerreiben, mit Zucker mischen und den Rum darübergießen, 20 Minuten ziehen lassen. Schokolade grob reiben oder raspeln und unter den Pumpernickel mischen. Preiselbeeren durchrühren.
Eine Glasschüssel lagenweise abwechselnd mit Quark, Pumpernickel und Preiselbeeren füllen. Mit einer Quarkschicht abschließen. Die Quarkspeise gut gekühlt auf den Tisch bringen. Dazu kann man eine kalte Vanillesauce (aus Saucenpulver) reichen.

Die Soester Börde, aus der dieses aktuelle Süßspeisenrezept stammt, ist ein reiches Agrarland im Südosten der Westfälischen Bucht. Eine mächtige, fruchtbare Lößschicht überdeckt ihre fast ebene Oberfläche, ideal für den Anbau von Körnerfrüchten und Zuckerrüben. Auch der durchschnittliche Jahresniederschlag von 700 Millimetern ist überaus günstig dafür. Mittelpunkt der Börde ist die Stadt Soest, einst berühmt für ihren durch Agrar- und Salzhandel erworbenen Reichtum, für das »Soester Stadtrecht« aus dem 12. Jahrhundert, das auch für sechzig andere westfälische Städte sowie für Lübeck galt, und für ihren Kampf gegen Kurköln, der mit der Zerstörung der erzbischöflichen Burg begann, in der Soester Fehde gipfelte und mit der Soester Herrschaft über die fruchtbare Börde endete.
Die Soester Küche ist ein Teil der westfälischen – viele in ganz Westfalen verbreitete Speisen sind auch auf der Speisekarte der Börde zu finden. Aber es zeigen sich, neben rheinischen Einflüssen, auch regionale Eigenheiten. Um sie herauszufinden, veranstaltete der Soester Wirtschafts- und Verkehrsverein vor einigen Jahren einen Wettbewerb und stellte die besten der dazu eingesandten Rezepte in einem Kochbuch der Öffentlichkeit vor.
Darin finden sich nun längst vergessene Rezepte wie die Wamme aus gekochtem Kuhpansen, der Grünkohl mit Winterbirnen (wobei die delikaten »Mettendchen« nicht fehlen dürfen), die mit Hackfleisch angereicherten Kappeskartoffeln oder die Knisterfinken aus Stielmus, den jungen Trieben der Mairüben – so benannt, weil manchmal doch noch ein paar Sandkörnchen am Stielmus haften bleiben, die dann zwischen den Zähnen »knistern«.
Aber auch Backbohnen hat die Bördeküche anzubieten, ein Gericht, das es mit den berühmtesten Bohnenspeisen der Welt aufnehmen kann, ferner die errötende Adele, eine Geleespeise aus Milch mit einem kräftigen Schuß Rum, die Buchweizenpfannkuchen oder die Milchsuppe mit Hackepohl, worunter kleine, zwischen den Fingern zerriebene Streusel zu verstehen sind, die in der kochenden Milch ziehen müssen.

Für den Teig:
250 g Butter, 225 g Zucker
5 Eier, 500 g Mehl
2 gestrichene TL Backpulver
etwas Fett für die Form

Für die Füllung:
1 kg Äpfel, 2 EL Zucker
75 g geriebene Haselnüsse
75 g Rosinen, 50 g Zitronat

Für den Überzug:
2 EL Aprikosenkonfitüre
1 EL Wasser, 100 g Puderzucker
3 EL Zitronensaft

Butter schaumig rühren, nach und nach Zucker und Eier dazugeben und verrühren, dann portionsweise Mehl und Backpulver einarbeiten. Eine Springform fetten und die Hälfte des Teiges hineinfüllen, glattstreichen.
Für die Füllung Äpfel halbieren, schälen und vom Kernhaus befreien, in Achtel schneiden. Die Äpfel schichtweise auf den Teig legen, jede Schicht zuckern, mit Haselnüssen, Rosinen und gehacktem Zitronat bestreuen. Restlichen Teig darauf verteilen und glattstreichen. Den Kuchen im vorgeheizten Ofen bei 180° C etwa 60 Minuten backen.
Für den Überzug Konfitüre durch ein Sieb streichen, mit dem Wasser aufkochen und den noch heißen Kuchen damit bestreichen. Puderzucker mit Zitronensaft verrühren und den etwas abgekühlten Kuchen mit dieser Glasur überziehen.

Westfälische Appeltate

Für den westfälischen Apfelkuchen, auch Appeltate, -tarte oder -kauken genannt, gibt es Dutzende von Rezepten. Wir beschreiben Ihnen hier eine Backvorschrift mit Rührkuchenteig. Sie können aber auch Hefe- oder Mürbteig verwenden. In allen Fällen wird etwa die Hälfte des Teiges in die Form gegeben, mit den Äpfeln belegt und mit dem restlichen Teig zugedeckt. Appeltate war einst neben Streusel- und Zucker- bzw. Butterkuchen das Standardgebäck für die sonntägliche Kaffeetafel im Münsterland, wenn Besuch erwartet wurde. Die Kuchenstücke türmten sich dabei auf den großen Tellern zu hohen Bergen, der Kaffee floß in Strömen. Solche Kuchenfeste sind selten geworden. Dem Ruhm der Appeltate hat das jedoch keinen Abbruch getan – sie gilt immer noch als beliebtester Kuchen Westfalens.
Mit Äpfeln weiß die westfälische Küche überhaupt eine Menge anzufangen. Bekannt sind auch die Apfelstütchen, andernorts Äpfel im Schlafrock genannt. Die ausgestochenen Äpfel werden dabei mit Zucker und Rosinen gefüllt, in eine Hülle aus Mürb- oder auch Hefeteig verpackt und nach dem Backen mit Glasur überzogen.
Der westfälischen Küche zugerechnet werden auch (und zwar schon von Henriette Davidis) die Apfelklöße, deren Teig aus geriebenem Weißbrot besteht. Zu den gezuckerten Klößen gibt es eine Rotweinsauce. Äpfel sind auch der wichtigste Bestandteil des Bettelmanns, eines Apfelauflaufs, der seine westfälische Herkunft schon wegen des darin vertretenen Pumpernickels nicht verleugnen kann. Die Apfelklöße waren wohl ursprünglich eine Fastenspeise, der Bettelmann dagegen stammt von einem einst sehr schlichten Restegericht ab.
Zu erwähnen sind außerdem die Apfelsuppen. Weit verbreitet ist die mit Weißwein, Rosinen und Vanille zubereitete Apfelsuppe mit Schneeklößchen aus Eiweiß. Handfester fällt die Sauerländer Brotsuppe aus, die man aus Schwarzbrot oder Pumpernickel kochen kann und der Boskopäpfel Geschmack und Säure verleihen.
Und schließlich: Wenn Sie Apfelkraut noch nicht kennen, sollten Sie es als Brotaufstrich probieren. Das aus Apfelsaft gekochte »Kraut« hat eine Konsistenz zwischen Gelee und Sirup.

Frankfurt und Hessen

Land der Frankfurter Würstchen und der grünen Sauce, der Rippchen mit Kraut und der Brenten, des Ebbelwoi und der kostbaren Spätlesen aus dem Rheingau – hier ist gut sein, denn die Küchengeheimnisse aus den großen Städten und kleinen Dörfern sind gleichermaßen erfreulich, der subtile Feinschmecker kommt in Hessen ebenso auf seine Kosten wie der Liebhaber deftiger Genüsse.
Um bei den Würstchen anzufangen: In der hessischen Küchenkulturgeschichte spielen sie etwa seit dem 13. Jahrhundert eine Rolle. Nicht nur die Frankfurter Würstchen aus lieblich gewürztem Schweinefleisch – sie gingen aus Bratwürstchen hervor –, sondern auch zahlreiche andere Wurstsorten lassen sich quer durch die Eßhistorie verfolgen: Leberwurst und Knackwurst, Bratwurst und Schwartenmagen, Gelbwurst und Cervelatwurst. Alle diese Wurstsorten spielen schon in den Aufzeichnungen und Briefen des Frankfurters Johann Wolfgang von Goethe eine Rolle. Goethe scheint ein ausgesprochener Wurstfan gewesen zu sein. Es sind Speisepläne von ihm erhalten geblieben, die nachweisen, daß der Dichterfürst im Durchschnitt an jedem dritten Tag mit einem Wurstmittagessen verwöhnt wurde.
Wer die hessische Küche an ihren Ursprüngen kennenlernen will, darf sich freilich nicht an Goethe halten. Was die Frankfurter bevorzugen, kann man am besten im Stadtteil Sachsenhausen studieren: Rippchen mit Kraut beispielsweise, Weckewerk aus Schweinefleisch und -schwarten mit Weißbrot, Sulperknochen mit Erbsbrei, Rindfleisch mit grüner Sauce und natürlich den berühmten Handkäs mit Musik, über den man nicht lästern sollte, wenn man ihn nicht in der Originalfassung probiert hat.
Alle diese Spezialitäten schmecken mit Ebbelwoi am besten. Bis vor kurzem waren die Fachleute der Meinung, dieses süffige Getränk werde rings um Frankfurt erst seit etwa hundert Jahren hergestellt. Inzwischen stellte sich aber heraus, daß der Apfeltrank schon zu Zeiten Karls des Großen bekannt gewesen sein muß. Ab 1573 taucht er regelmäßig in den Magistratsakten auf. Über eine Viertelmillion Zentner Äpfel werden alljährlich zu Ebbelwoi vergoren. Fachleute unterscheiden den »Süßen«, der noch keinen Alkohol enthält, den zu Kopf steigenden »Rauscher«, vor dem Unkundige gewarnt seien, und den »Alten«, der in der Regel mindestens sechs Monate Kellerzeit braucht. Aus dem Faß wandert der Wein in den »Bembel«, einen dickbauchigen Tonkrug, und von da in das charakteristisch gerippte Glas. Erprobte Ebbelwoitrinker schaffen durchaus ihre zwölf bis fünfzehn »Schöppche« von ihrem »Stöffche«.
Richard Kirn überlieferte dieses anonyme Ebbelwoigedicht:

»Ach Gott, wie kestlich riecht dorch alle Gasse
der Ebbelwoi, de ›Alte‹ un de ›Sieße‹;
uff alle Schenkdisch duht er iwwerfließe,
die Fässer kenne fast die Last net fasse.«

Wer subtilere Genüsse sucht, wird bald feststellen, daß es in Frankfurt nicht an Restaurants für Gourmets fehlt. Die alte Kaiserstadt hielt in dieser Beziehung schon immer auf einen guten Namen. »Der vortheilhafte Ruf von Frankfurts Gasthäusern geht über die Grenzen Deutschlands hinaus«, heißt es in einer 1845 erschienenen »Historisch-topographischen Beschreibung«

der Mainmetropole. »Nicht allein, daß sie allen Ansprüchen an eine gute Küche genügen und sich beeifern, dem Fremden die Lieblingsgerichte ihrer Nation in der mannigfachsten Abwechslung darzubieten, sondern auch hinsichtlich der Eleganz, trefflicher innerer Einrichtung, Bedienung und billiger Preise können sie mit den ersten Städten Europas in die Schranken treten.« Das kann man noch heute unterschreiben. Nur hinsichtlich der Preise scheint sich einiges geändert zu haben, insbesondere zur Messezeit. Aber damit steht Frankfurt nicht allein. Wer also gut und trotzdem preiswert essen will, muß sich auf dem flachen Land umsehen. Da gibt es auch in Hessen, insbesondere im landwirtschaftlich strukturierten Oberhessen, noch zahlreiche Möglichkeiten, rustikale Küchengeheimnisse zu durchaus moderaten Preisen kennenzulernen. Als Weinland gehört Hessen nicht zu den ertragsmäßig größten, aber doch zu den feinsten deutschen Gebieten. Neben den Weinen von der Bergstraße, für die der Kenner sich begeistert, sorgen insbesondere die Rheingauweine für den Ruhm der hessischen Winzer. Die Natur hat es so gewollt, daß der Rhein, der sonst von Süden nach Norden fließt, im Rheingaugebiet seine Richtung ändert und auf einer Strecke von 36 Kilometern von Osten nach Westen strömt. Die Rebhänge, vom Taunus vor kalten Winden geschützt, liegen genau im richtigen Winkel zur Sonne und zum Sonnenreflex des hier fast zwei Kilometer breiten Stroms. Saftige, fruchtige und edelsüße Weine sind die Folge der klimatischen Begünstigung. In guten Jahren zählen sie zu den größten Weinen der Welt – vor allem die Beeren- und Trockenbeerenauslesen. Die beiden aus edelfaulen Trauben gewonnenen Prädikatsweine wurden, so die Überlieferung, im Rheingau erfunden. Das war zwischen 1770 und 1780. Damals wartete der »Kellner« der Propstei Johannisberg ungeduldig auf das Eintreffen des Kuriers aus Fulda, der die Erlaubnis zum Beginn der Weinlese zu überbringen hatte. Es war höchste Zeit – die Beeren begannen schon zu schrumpeln und zu faulen. Der Kurier kam viel zu spät. Der Wein aus den spät gelesenen Trauben schmeckte indessen hernach so hervorragend, daß man beschloß, bestimmte Weinberge künftig immer nach dem allgemeinen Lesetermin abzuernten. Und dabei ist es bis heute geblieben.

350 g Kartoffeln
1 Bund Suppengrün
1 Zwiebel
gut 1 l Fleischbrühe
Salz
20 g Mehl
40 g Räucherspeck
30 g Butter
weißer Pfeffer aus der Mühle
geriebene Muskatnuß
Streuwürze
50 g Fadennudeln
4 EL Sahne
½ Bund Schnittlauch

Kartoffeln schälen, waschen und würfeln, mit geschnittenem Suppengrün und geschälter, feingehackter Zwiebel in die kochende, leicht gesalzene Brühe geben, aufkochen und bei schwacher Hitze garen, dann durch ein Sieb streichen. Mehl mit Speckwürfeln in Butter hellgelb schwitzen, nach und nach mit der Suppe auffüllen, 8 Minuten kräftig durchkochen. Mit Pfeffer, Muskat und Streuwürze abschmecken. Fadennudeln gesondert bißfest garen und in die Suppe geben, mit Sahne verfeinern und geschnittenen Schnittlauch aufstreuen.

Waldeckische Kartoffelsuppe

Das Fürstentum Waldeck gehörte einst zu jenen deutschen Kleinstaaten, denen es erstaunlich lange gelang, ihre Selbständigkeit gegenüber mächtigeren Nachbarn zu bewahren. »Das Klima ist rauh, aber gesund«, befand ein Lexikonautor vor fast 100 Jahren und merkte an, daß Waldeck zu den am höchsten gelegenen Landstrichen zwischen Rhein und Weser zu zählen sei.
Zwei Landesteile bildeten das Fürstentum, getrennt durch »fremdherrliches Gebiet«: das eigentliche Waldeck mit der Residenzstadt Arolsen und dem Stammschloß Waldeck (zu dessen Füßen viel später der Edersee entstand) sowie Pyrmont »in einem reizenden, vom westlichen Wesergebirge umschlossenen Thal«. Napoleons Zeiten überstand das Minifürstentum noch mit Anstand. 1867 mußten dann Teile der Souveränität auf Preußen übertragen werden – nicht zuletzt finanzieller Schwierigkeiten wegen –, und 1922 ging Pyrmont, 1929 auch Waldeck dann endgültig auf Preußen über. Seit 1945 gehört Waldeck zu Hessen, Pyrmont dagegen wurde von Niedersachsen vereinnahmt.

Die waldeckische Küche ist heute also Bestandteil der hessischen Regionalküche – allerdings nur auf dem Papier. In Wirklichkeit zeigt die Kochkunst zwischen Willingen im Upland und Bad Wildungen am Kellerwald eher westfälische Züge. Die umfassendste Rezeptsammlung, auf die auch unsere Kartoffelsuppe zurückgeht (»Sehr gut!« vermerkte der Küchenchef des Kurhotels in Bad Pyrmont), erschien zuletzt 1932, herausgegeben vom Waldeckischen Landesfrauenverein, dem unzählige Köchinnen des Waldecker Landes ihre besten Rezepte anvertraut hatten.
Lange Jahre war das Kochbuch verschollen. Da fanden sich vor einigen Jahren überraschend doch noch Originaldruckbogen des Werkes, seinerzeit hergestellt von der Fürstlichen Hofdruckerei Carl Loewié in der Residenzstadt Arolsen. Sie wurden originalgetreu kopiert und neu herausgegeben. Seitdem können sich die Waldecker Hausfrauen wieder an Rullibackie, einer Art gefülltem Blätterteig, an Aufgeblasenen Bratkartoffeln, Blindem Hasen, Goldeiern, Rosa Jungfern-Pudding oder Vielabonka (das ist eine Art Milchgelee) erfreuen – und natürlich an der Waldeckischen Kartoffelsuppe.

Handkäs mit Musik

125 g Handkäse
2 EL Essig
1 EL Apfelwein
1 EL Öl
1 Zwiebel
¼ TL Kümmel
weißer Pfeffer aus der Mühle

Käse auf einen Teller oder in eine kleine Schüssel legen. Essig mit Apfelwein und Öl vermengen, die gehackten oder in Ringe geschnittenen Zwiebeln in die Marinade geben, gut durchrühren und ein paar Minuten ziehen lassen, den Kümmel hinzufügen und mit Pfeffer würzen. Die Marinade über den Käse geben.
Zum Handkäs mit Musik gibt es deftiges Bauernbrot und reichlich Butter. Handkäs kann man auch im Steintopf einlegen. Dazu wird der Käse in Stücke geschnitten, mit gehackten Zwiebeln und den übrigen Marinadezutaten in den Topf geschichtet (zusätzlich kommt ½ Tasse Apfelwein dazu) und mindestens 6 Stunden zum Durchziehen weggestellt. Dazu ißt man ebenfalls Brot und Butter – oder Bratkartoffeln.

Was ein Handkäse ist, läßt sich einfach erklären: ein kleiner, aus freier Hand geformter Käse. Es gibt ihn nicht nur in Hessen, aber hier (wie in der Pfalz) spielt er in der vorgeschlagenen Kombination eine besondere Rolle. Wobei anzumerken ist, daß der in Frankfurt verarbeitete Handkäse im allgemeinen aus der oberhessischen Wetterau zu stammen pflegt. Schwieriger ist es schon, die »Musik« zu definieren, die zum Handkäse dazugehört, ausgesprochen »Mússick«. Sie besteht aus gehackten Zwiebeln, Essig, Öl und Gewürzen, ist somit also eine schlichte Marinade, die den Käse milder und leichter verdaulich macht. Warum heißt sie ausgerechnet Musik? Manche Spezialisten auf diesem Gebiet meinen, man brauche nur einmal Handkäs mit Musik zu essen und auf die verdauungstechnischen Folgen zu achten, dann wisse man genau, was mit der Musik gemeint ist. Aber das kann, wie der hessische Landtagsabgeordnete Helmut Lenz herausfand, schon deshalb nicht stimmen, weil die Musik noch um die Jahrhundertwende ohne Zwiebeln angesetzt wurde. Andererseits gibt es auch in anderen deutschen Küchenregionen alte Rezepte »mit Musik« – und stets sind Zwiebeln mit von der Partie. Es sei nur an »Flönz met Musik« aus Köln erinnert, einfache Blutwurst auf einem Roggenbrötchen mit viel gehackten Zwiebeln drauf.
In Frankfurt, vor allem im Ebbelwoi-Stadtteil Sachsenhausen, wird Handkäs nur mit dem Messer serviert – Gabel und Serviette fehlen. Jeder bestreicht sein Brot mit Butter, schneidet ein Stück Käse ab und legt es auf eine Ecke des Brotes. Obendrauf kommen ein paar gehackte Zwiebeln. Nun wird einfach abgebissen, wenn man es nicht vorzieht, die Brotecke mit dem Käse abzuschneiden und in den Mund zu schieben.

»So was Gutes un Gesundes,
Flaches, Gelbes, Speckig-Rundes
hat mer gern als Leibgericht:
Dieser Käs is e Gedicht!«

So heißt es bei H. P. Müller in seinem Handkäsgedicht. Klar, daß es in Frankfurt zum Handkäs, der innen nicht mehr weiß sein darf, sondern »dorsch und dorsch dorsch« sein muß, nichts anderes zu trinken gibt als Äpfelwein (wie er in Frankfurt geschrieben wird) oder Apfelwein (wie es der Duden für richtig hält) oder eben Ebbelwoi, wie man das Wort in Frankfurt ausspricht.

8 große Zwiebeln
250 g gemischtes Hackfleisch
1 Bund Petersilie
1 altbackene Semmel
Salz, Pfeffer aus der Mühle
30 g Butter
2–3 Eier
40 g Butterschmalz
1/8 l Fleischbrühe
1 EL Tomatenmark
10 g Speisestärke
2 EL saure Sahne

Zwiebeln schälen und in wenig Wasser halbgar dünsten, mit einem Teelöffel aushöhlen. Hackfleisch mit gehackter Petersilie und der eingeweichten, ausgedrückten Semmel mischen, salzen und pfeffern, in einer Pfanne in heißer Butter kräftig anbraten, dabei durchrühren. Das Hackfleisch etwas abkühlen lassen, dann mit den Eiern vermengen. Die Masse in die ausgehöhlten Zwiebeln füllen. In einer Kasserolle Butterschmalz erhitzen und die Zwiebeln darin anbraten. Fleischbrühe angießen, den Topf zudecken und die gefüllten Zwiebeln garen. Brühe mit Tomatenmark verrühren (bei Bedarf noch etwas Brühe oder Wasser zugießen), mit kalt angerührter Speisestärke binden, abschmecken und die Sahne hineinrühren. Die Zwiebeln auf einer vorgewärmten Platte anrichten.
Dazu paßt Kartoffelpüree.

Frankfurter gefüllte Zwiebeln

Dieses Rezept stammt aus dem Kochbuch der Frau Rat Sophie Schlosser, einer Zeitgenossin Goethes und der Familie des Dichters freundschaftlich verbunden. Da Goethe (nach einem Ausspruch Grillparzers) wohl gelegentlich etwas Schlechtes geschrieben, aber nie etwas Schlechtes gegessen hat, mögen ihm die Leckerbissen der Frau Rat besonders gut gemundet haben.
Für Interessenten das Originalrezept aus dem Schlosserkochbuch:
»Nimm Zwiebeln und schäle sie, dann werden sie gebrüht, aber nicht zu weich, so daß man sie gut aushöhlen kann; dann nimmt man Bratwurstfülle, etwas von den Zwiebeln, Petersilienkraut, geschältes, in Wasser geweichtes und wohl ausgedrücktes Franzbrot in Butter geschmort. Zuletzt die Bratwurstfülle mitschmoren. Je nachdem man viel oder wenig Fülle hat, viel oder wenig Eier dazugethan und etwas Gewürz darunter. Mit dieser Farce füllt man die Zwiebeln, dann backt man sie gelblich in Schmalzbutter, macht eine braune Sauce von Chü, läßt die Zwiebeln darin ausstofen, und sie sind fertig.« Die im Rezepttext erwähnte Chü spielt im Kochbuch der Sophie Schlosser eine große Rolle. Es handelt sich dabei um eine Saucen- und Suppengrundlage, gekocht aus Rindfleisch unter Zugabe von Suppengemüse und Gewürzen.
Das Schlosserkochbuch, ursprünglich ein handgeschriebenes Werk von 289 eng beschriebenen Seiten, wurde zunächst nur innerhalb der Familie verwendet und lag in mehreren Abschriften vor. Eine davon gehörte der Nichte der Frau Rat. Deren Enkel, der Dichter Alexander von Bernus, ließ 1936 erstmals eine Auswahl aus den Schlosserrezepten für den allgemeinen Gebrauch drucken.
Bernus überlieferte auch zahlreiche Anekdoten von vielgängigen Essen im Hause Schlosser, der einstigen Benediktinerabtei Neuburg. Von der Terrasse des Stiftes aus konnte man unten im Tal die Eisenbahn fahren sehen. Frau Rat Schlosser wandte sich an einen der Tischgäste, den Bischof von Speyer: »Nicht wahr, Exzellenz, damit fährt der Teufel?« – »Gewiß, Frau Rat«, erwiderte der Kirchenfürst, »aber auch der liebe Gott.«

750 g Porreestangen
50 g Butter
⅛ l Fleischbrühe
Salz
geriebene Muskatnuß
weißer Pfeffer aus der Mühle
10 g Speisestärke
4 EL Milch
1 Bund Petersilie
8 Paar Frankfurter Würstchen

Porreestangen putzen, waschen und in etwa 5 cm lange Stücke schneiden, in heißer Butter kurz andünsten, dann Fleischbrühe angießen und den Porree im zugedeckten Topf bei schwacher Hitze in 25–30 Minuten garen, aber nicht zu weich kochen. Mit Salz, Muskat und Pfeffer würzen. Speisestärke mit Milch verquirlen, an den Porree rühren und kurz aufkochen. Mit Petersilie bestreut anrichten. Würstchen in heißem Wasser erhitzen und zum Porreegemüse servieren.
Dazu gibt es Kartoffelpüree.

Porree mit Frankfurter Würstchen

Als der Hamburger Eduard Beurmann 1835 seine »Frankfurter Bilder« schrieb, sann er auch darüber nach, wie man die Vorzüge der Mainmetropole kurz und bündig charakterisieren könne. Kein Problem: Für ihn war Frankfurt die Stadt, in der »Goethe geboren und in welcher Bratwürste gemacht werden, die eine Zelebrität wie dieser erlangt haben«. Die berühmten Frankfurter Würstchen aus Schweinefleisch, von einem eßbaren Darm umhüllt und leicht geräuchert, soll es schon im 12. Jahrhundert gegeben haben. Damals entstanden im Herzen der Frankfurter Altstadt die »Schirnen«, offene Arbeits- und Verkaufsstände der Metzger und Wurstmacher. Nur hier durften die Frankfurter Metzger ihr Gewerbe ausüben. Als einer von ihnen sich an anderer Stelle einen Laden einrichtete, nagelten ihm die Zunftgenossen kurzerhand die Tür zu.
Oben erwähnter Beurmann ging übrigens mit seiner Gedankenverbindung Goethe/Würstchen noch einen Schritt weiter. Er verlangte von den Frankfurtern, sie sollten dem größten Sohn der Stadt endlich ein würdiges Denkmal errichten und in den Sockel ein paar Würstchen einmauern. Das Denkmal entstand wirklich, neun Jahre nach Beurmanns Veröffentlichung. Auf dem Sockel schwenkt Goethe noch heute seinen Lorbeerkranz. Aber auf die Würstchen wurde verzichtet. Dabei war Goethe ein ausgesprochener Wurstfan. Er ließ sich säckeweise Leber- und Knackwürste von Frankfurt nach Weimar schicken und forderte sogar einen in der Kunst der Schwartenmagenherstellung erprobten Frankfurter Metzger an. Aber daraus wurde nichts, weil die Frankfurter Metzgerinnung dagegen war, heimische Herstellungsgeheimnisse ans Ausland zu verraten.
Auf die Dauer blieb es jedoch nicht bei dieser Geheimniskrämerei. 1805 eröffnete der aus Gasseldorf in der Fränkischen Schweiz stammende Johann Georg Lahner in Wien eine Selcherei für Frankfurter Würstchen, die fortan Wiener Würstl genannt wurden. Dieser Erfolg wiederum ließ die Berliner nicht ruhen. Sie warteten mit einem Fleischermeister Wien auf, der nach ihrer Meinung die echten »Wiener« erfunden habe. Aber ernsthafte Würstchenhistoriker glauben nicht an diese Fabel.

350 g frisches Schweinefleisch
250 g frische Schweineschwarten
1–2 Zwiebeln
1 Bund Suppengrün
5 altbackene Semmeln
¼ l Milch
Salz
weißer Pfeffer aus der Mühle
1 TL zerriebener Majoran
1 Prise gemahlener Kümmel
60 g Butter
3–4 EL Semmelmehl

Fleisch und Schwarten mit grob geschnittener Zwiebel und geschnittenem Suppengrün in wenig Wasser garen, abtropfen lassen und durch den Fleischwolf drehen oder sehr fein hakken. Semmeln in Milch einweichen und gut ausdrücken, mit der Fleischmasse vermengen, mit Salz, Pfeffer, Majoran und Kümmel würzen.
Eine ofenfeste Form buttern und mit Semmelmehl ausstreuen. Die Masse hineingeben, glattstreichen, mit restlichem Semmelmehl bestreuen und aus der restlichen Butter Flöckchen aufsetzen. Das Weckewerk im vorgeheizten Backofen etwa 20 Minuten bei 200° C backen, heiß oder auch abgekühlt servieren.
Dazu passen Pellkartoffeln oder Bauernbrot und Kopf-, Tomaten- oder Selleriesalat.

Kurhessisches Weckewerk

Weckewerk ist eine nordhessische Spezialität, ein typisches Schlachtfestgericht, einst dazu erfunden, um die beim Schlachten anfallenden Schwarten einer vernünftigen Verwendung zuzuführen. Seinen Namen hat das Weckewerk wohl daher, weil das Rezept immer auch ein paar Wecken (Semmeln) vorschreibt.
Noch berühmter als das Weckewerk ist die in ganz Hessen verbreitete Metzelsuppe, schlechthin *das* Leibgericht beim Schweineschlachten. Anschließend gibt es Wellfleisch mit Kraut.
In den Dörfern der hessischen Schwalm, zwischen Marburg, Bad Hersfeld und Fritzlar, gab es schon lange vor Uhlands Metzelsuppenlied diesen Vers: »Wenn das Grummet ist am Boden, ist zu End' der Bauern Last. Dann ist's auf der Schwalm die Mode, daß man auf die Kirmes gast. Wecksupp', Fleisch und Hirsebrei ißt man, und trinkt Bier dabei.«
Eine andere nordhessische Spezialität sind die Sulper-, Solber- oder auch Solwerknochen, gepökelte Schweinsschnauzen, -ohren, -füße und -schwänze. Für die Pökellauge wurde früher Salpeter mitverwendet – daher wohl der Name des Gerichtes, aus »Salpeter« wurde »Sulper«. Dazu gibt es Sauerkraut, Erbspüree und Salzkartoffeln. Aus Kassel stammt die Mustewecke. Das ist kein ausgewachsenes Gericht, sondern ganz einfach eine halbe Semmel mit gewürztem Schweinehackfleisch.
Griewerk heißen in Nordhessen gebratene Leberwurstscheiben auf gedünstetem Porree. Lompe un Fleeh bestehen aus Schweinebauch (das sind die »Lumpen«) und Weißkraut, gewürzt mit viel Kümmel (die Kümmelkörner sind die »Flöhe«). Duckefett ist eine Speck-Zwiebel-Sauce, die mit Milch gekocht wird und zu Pellkartoffeln ausgezeichnet schmeckt – vor allem kurz vor dem Lohnzahlungstermin. Zu erwähnen sind schließlich noch die speziell nordhessischen Kuchen, allen voran der Zwibbelplatz, bei dem die Zwiebeln auf dem Backblech ausgebreitet und mit Brotteig zugedeckt werden. Auf die gleiche Weise entsteht auch der in der Schwalm verbreitete Apfelplatz.

750 g gepökelte Rippchen
1 Zwiebel
2 Gewürznelken
5 Pfefferkörner
40 g Schweineschmalz
1 Zwiebel
1–2 Äpfel
750 g Sauerkraut
1 Lorbeerblatt
4 Wacholderbeeren
1 Glas trockener Weißwein

Pökelrippchen waschen, mit geschälter und grob geschnittener Zwiebel, Nelken und Pfefferkörnern in wenig Wasser aufsetzen und in etwa 30 Minuten halbgar kochen, dann herausnehmen, abtropfen lassen und in dicke Scheiben schneiden.
Schmalz in einem Topf heiß werden lassen. Geschälte und gewürfelte Zwiebel sowie geschälte, vom Kernhaus befreite und in Scheiben geschnittene Äpfel hineingeben und kurz anrösten. Dann das Sauerkraut hinzufügen und anschmoren. Lorbeerblatt und Wacholderbeeren hineingeben, den Wein angießen und die Pökelrippchen auflegen. Kraut mit Äpfeln und Fleisch bei schwacher Hitze garen. Zum Anrichten das Kraut in eine vorgewärmte Schüssel füllen und mit dem Fleisch belegen.
Dazu gibt es in Frankfurt Kartoffelpüree.

Frankfodder Gebabbel

Das neben Handkäs mit Musik beliebteste Beigericht zum Apfelwein ist in Frankfurt Rippchen mit Sauerkraut. Im Gegensatz zum Kasseler, um dessen Urheberschaft sich Berlin und Kassel streiten, werden die Rippchen nicht geräuchert, sondern nur gepökelt, was ihnen den eigenartigen Geschmack verleiht.
Ohne Ebbelwoi schmecken die Rippchen nicht halb so gut. Beim Ebbelwoi gerät der sonst eher zurückhaltende Frankfurter ins »Babbele«, was dem Wein den Namen »Babbelwasser« eingetragen hat. Sinngemäß heißen dann die Rippchen mit Kraut in Frankfurts Ebbelwoiregionen »dribb der Bach« (jenseits des Mains, vom Stadtzentrum aus betrachtet) eben Frankfodder Gebabbel.
Den Ebbelwoi schenkt der Wirt aus dem großen Steingutkrug, grau mit blauen Schnörkeln – seit dem »Blauen Bock« im Fernsehen weiß jeder, daß dieser Krug »Bembel« genannt wird. Die gerippten Ebbelwoigläser fassen genau einen Drittelliter. Stammgäste decken ihr Glas mit einem hölzernen Deckel zu, der oft kunstvoll verziert ist – mit Schnitzereien, eingelassenen Münzen oder Wappen, sogar mit Fotos von lieben Anverwandten. Jeder bringt seinen eigenen Deckel mit – warum das geschieht, weiß niemand so recht zu sagen. Denn das Ebbelwoi-Aroma ist längst nicht so empfindlich wie die Blume eines teuren Weißweins, und es gibt in den Lokalen auch weder Blätter noch Insekten, die unversehens ins Glas fallen könnten.
Zum Ebbelwoi ißt man zumindest eine Brezel. Die verkauft nicht der Wirt mit der charakteristischen schwarzen Kappe, sondern ein eigener Brezelbub – was keine Altersbezeichnung ist: Es gibt Brezelbuben, deren Söhne oder Enkel auch schon im Brezelgeschäft mithelfen. Den Blauen Bock gibt es, als Lokalbezeichnung, nur im Fernsehen. Aber Frankfurt hat einen Grauen und einen Weißen Bock zu bieten, dazu ein Gemaltes Haus und einen Blauen Engel, ein Reffche und einen Langen Fritz, eine Schee Fra (Schöne Frau) und eine Kalt Laus. Im Reffche probierte einst Bismarck den Ebbelwoi. In Frankfurt hielt man von ihm, der die alte Reichsstadt Preußen einverleibt hatte, überhaupt nichts. So mieden die Stammgäste fortan das Lokal, und es dauerte lange, bevor sie wiederkamen.

Ochsenbrust mit grüner Sauce

1 kg Ochsenbrust
1 Bund Suppengrün, 1 Zwiebel
1 Lorbeerblatt
5 Pfefferkörner, 2 Gewürznelken, Salz

Für die grüne Sauce:
3–4 hartgekochte Eier, Salz
1 Bund Schnittlauch
1 Bund Petersilie, ½ Bund Dill
1 Bund gemischte Kräuter (z. B. Kerbel, Estragon, Basilikum, Liebstöckel, Pimpinelle, Sauerampfer, Zitronenmelisse)
⅛ l Öl, 2–3 EL Zitronensaft
weißer Pfeffer aus der Mühle
1 Prise Zucker, 1 TL Senf
nach Belieben: 1 Knoblauchzehe

Ochsenbrust waschen, mit geschnittenem Suppengrün, geschälter und grob geschnittener Zwiebel und den Gewürzen in leicht gesalzenes, kochendes Wasser geben, bei mittlerer Hitze in 90–120 Minuten garen.
Für die Grüne Sauce Eier schälen und halbieren. Eigelb herauslösen, mit der Gabel zerdrücken und salzen. Kräuter waschen, trockentupfen und fein hakken, mit dem Eigelb vermengen und nach und nach das Öl einarbeiten, dann das gehackte Eiweiß hinzufügen. Die Sauce mit Zitronensaft abschmekken, mit Pfeffer, Zucker und Senf (und nach Belieben mit der zerdrückten Knoblauchzehe) würzen.
Ochsenbrust aus dem Sud nehmen und in Scheiben schneiden, mit der Grünen Sauce servieren.
Dazu gibt es Salzkartoffeln und einen frischen Salat.

Als »Frankfurts Beitrag zur gehobenen internationalen Küche« hat man die grüne Sauce bezeichnet, an Ort und Stelle »grie Sooß« genannt. Sie paßt am besten zu zartem, gekochtem Rindfleisch. Nun gibt es Kräutersaucen auch anderswo, etwa in Italien als Salsa Verde, und auch die Vorliebe für Rindfleisch ist keine hessische Eigenart – man braucht nur an Wiener Tafelspitz zu denken. Aber die in Frankfurt bevorzugte Kombination schmeckt eben doch ganz anders. Sie sollten es auf einen Versuch ankommen lassen.
Eine der ältesten Zubereitungsvorschriften für die grüne Sauce ist im schon zitierten Kochbuch der Frau Rat Schlosser zu finden. Hier der Originaltext:
»Für drei Personen drei hart gesottene Eier. Das Gelbe wird fein zerdrückt, mit Salz und Pfeffer gewürzt und mit anderthalb Löffel Öl, einem Löffel Essig und einem halben Löffelchen Senf vermischt. Alsdann werden fein gewiegt: Petersilie, Borretsch, Pimpernell, Drachant und gut unter die Masse gerührt. Je nach der Dicke des sauren Rahms kommen drei bis vier Löffel darunter. Die Sauce wird durch ein Sieb gedrückt und die Kräuter, die sich nicht durchdrücken, weggelassen.«
Auf diese Weise kann man die Sauce auch heute noch zubereiten. Mit Drachant ist übrigens Estragon gemeint. Den Rahm (die Sahne) läßt man heute im allgemeinen weg und geht dafür mit dem Öl großzügiger um. Außerdem hat sich eine größere Kräutervielfalt eingebürgert – mindestens sieben Kräutersorten sollen es sein. Das braucht man aber nicht so eng zu sehen.
Einst war die grüne Sauce eine ausgesprochene Frühlingssauce. Da es die meisten Kräuter heute aber das ganze Jahr über frisch einzukaufen gibt, kann man Ochsenbrust mit grüner Sauce auch in anderen Jahreszeiten servieren. Rund um Frankfurt werden die Saucenkräuter fix und fertig gemischt und gebündelt angeboten.

3 Eier
250 g Mehl
¼ l Milch
1 Prise Salz
60 g Zucker
6 Äpfel
2 EL Zitronensaft
Butter zum Backen
Zimtzucker zum Bestreuen

Eigelb mit Mehl, Milch, Salz und Zukker zu Eierkuchenteig verrühren, 30 Minuten stehen lassen, dann nochmals durchrühren. Eiweiß steif schlagen und vorsichtig unterziehen.
Äpfel schälen, ausstechen und in dünne Scheiben schneiden, mit Zitronensaft beträufeln.
Butter in einer Pfanne erhitzen, ⅙ der Apfelscheiben hineingeben und mit ⅙ des Eierkuchenteigs bedecken.
Den Apfelpfannkuchen beiderseits goldbraun backen, auf eine vorgewärmte Platte geben und mit Zimtzucker bestreuen. Die übrigen Äpfel ebenso zu Apfelpfannkuchen verarbeiten.
Als Nachtisch servieren oder, wie in Hessen früher üblich, als Beigabe zur Linsensuppe reichen.

Apfelpfannkuchen

Zu den hessischen Küchenkuriositäten gehört die Verbindung von süßen Mehlspeisen oder Backwerk mit salzigen Suppen. Da gibt es beispielsweise im Gebiet des Vogelsbergs eine deftige Kartoffelsuppe, zu der Heidelbeerkuchen gegessen wird, und die Apfelpfannkuchen unseres Rezepts wurden in Frankfurt früher mit Vorliebe zu einer herzhaften Linsensuppe mit viel Mohrrüben und Sellerie und Scheiben von Frankfurter Würstchen serviert. Natürlich schmecken die saftigen Pfannkuchen auch ohne die Linsensuppe, etwa als Nachtisch.
Äpfel als Zutat spielen auch bei vielen anderen hessischen Rezepten eine Rolle. Wenn einst auf den Bauernhöfen Brot gebacken wurde, hüllte die Bäuerin ganze Äpfel in übriggebliebenen Brotteig und schob sie nach der Fertigstellung des Brotes in den Backofen. Diese »Apfellaibchen« waren bei Kindern wie bei Erwachsenen beliebt. Äpfel gehören auch in den Schnitzelkloß aus dem Spessart, zubereitet aus Hefeteig, oder in den Frankfurter Bettelmann, einen Brotauflauf aus Brotresten. Anspruchsvoller sind die Rheingauer Weinäpfel, in Rieslingwein gegart und mit einer Weinschaumsauce zu Tisch gegeben.
Bekanntestes hessisches Gebäck ist heute der Frankfurter Kranz aus Rührteig mit einer Füllung aus Buttercreme und Konfitüre. Die hessische Abstammung ist bei ihm aber nicht so deutlich nachzuweisen wie bei den Bethmännchen, hutförmigem Kleingebäck aus Marzipanteig. Sie wurden im Hause der Frankfurter Patrizierfamilie Bethmann erfunden. Einst waren sie mit vier halbierten Mandeln verziert, für jeden Sohn der Familie eine. Als einer der Söhne als 24jähriger im Jahre 1845 starb, so ist es überliefert, wurde eine halbe Mandel fortgelassen.
Auch die Frankfurter Brenten bestehen aus Marzipanteig, sie gehörten in Goethes Elternhaus zu den beliebtesten Naschereien. Ein schlichtes Hefeteiggebäck sind die Hanauer Krawallchen, so benannt, weil sie anläßlich eines Aufruhrs im 17. Jahrhundert erstmals gebacken worden sein sollen. Die Gebäckstücke dienten dazu, um die Aufrührer zu besänftigen – was waren das noch für goldene Zeiten.

Rheinpfalz und Saarland

Zwei Bundesländer, kulinarisch eng verwandt, werden in diesem Kapitel mit typischen Beispielen ihrer traditionellen Kochkunst vorgestellt – das Land Rheinland-Pfalz an Mosel, Rhein und Nahe und das Land an der Saar. In beiden Regionen stehen ursprüngliche Genüsse im Vordergrund, werden aber auch edlere Gaumenreize nicht verschmäht. Die pfälzische Küchenlandschaft reicht von Moselhecht in Meerrettichsauce und den Weinbergschnecken mit Kräuterbutter bis zu herzhaften Schlachtfest- und Kartoffelgerichten. Hier findet sich fast für jeden Geschmack etwas Passendes. Und nicht anders ist es im Saarland, bei dem sich überdies Einflüsse der französischen Nachbarn deutlich bemerkbar machen.

Daß die pfälzische Landesküche nur zum Teil eine bäuerliche Küche ist, fand schon vor 130 Jahren die »frühere Gastwirthin zu den vier Jahreszeiten in Dürkheim«, Anna Bergner, heraus. Sie macht in ihrem Pfälzer Kochbuch darauf aufmerksam, daß die Pfalz »zur Zeit der deutschen Reichsherrlichkeit mit den schönsten Schlössern und reichsten Abteien und Klöstern erfüllt war, in welchen Sitzen des Adels und Clerus als dem Gremium der Bildung, des Comforts und des Luxus bei den Reichthum der Produkte, welche unter einem fast südlichen Himmel und heitern Klima der fruchtbare Boden hervorbrachte, auch die feinste Küche gefunden wurde«.

»Le beau jardin du Bon Dieu«, des lieben Gottes schöner Garten, nannte ein Franzose das Hügelland der Rheinpfalz und Rheinhessens. Hier wachsen unter einer gnädigen Sonne nicht nur Kastanien (»Käschte«), sondern auch Mandeln und Feigen – von den einheimischen Obstarten ganz abgesehen. Hier versteht man Wild und Wildgeflügel vortrefflich zu bereiten. Hier legt man besonderen Wert auf gut gewürzte Fleischgerichte und Würste. Hier gibt es Flüsse und Bäche, die immer noch eine reiche Ernte an Süßwasserfischen liefern.

Hier weiß man mit der Kartoffel mehr anzufangen als in den meisten anderen Küchenregionen Deutschlands. Die Zahl der Kartoffelgerichte ist Legion. Da ist beispielsweise die saure Grumbeerebrieh, eine dicke Kartoffelsuppe, die mit Essig abgeschmeckt wird und zu der es Zwetschgenkuchen oder Dampfnudeln gibt. Oder wie wäre es mit Gebrätelten Woigrumbeere? Das sind gut gewürzte Bratkartoffeln, die mit Fleischbrühe und Wein angegossen werden. Auf den Tisch kommen sie erst, wenn die Flüssigkeit ganz von den Kartoffeln aufgesaugt worden ist. Aus Kartoffelteig bestehen auch die Schupfnudele, fingerförmige Kartoffelnudeln, zu denen es Sauerkraut gibt, am besten mit einem handfesten Stück Schweinebauch oder Rauchwürstchen.

Sauerkraut war eines der Lieblingsgerichte einer Dame, die als Elisabeth Charlotte von der Pfalz 1652 in Heidelberg zur Welt kam und allgemein Liselotte von der Pfalz genannt wurde – auch dann noch, als sie an den Hof des Sonnenkönigs Ludwig XIV. umzog, dessen Bruder Philipp von Orléans man ihr als Ehemann verordnet hatte.

Der Liselotte gelang es nicht, das Herz ihres Mannes zu entflammen. Dafür stand die streitbare Liselotte beim König in hohem Ansehen. Sie brachte ihn sogar dazu, in Versailles einen Krautgarten anzulegen, den ein eigener Obergärtner betreute. Fortan gab es an der Hoftafel hin und wieder Krautgerichte, vor allem aus Sauerkraut.

Zu den Pfälzer Spezialitäten, die international berühmt wurden, gehört der Saumagen – nicht nur wegen seines vorzüglichen Geschmacks, der ihm auf großen Kochkunstausstellungen Anerkennung bescherte, sondern auch wegen seiner historischen Bedeutung. Hatte nicht schon Homer im 18. Gesang seiner Odyssee eine ähnliche Speise geschildert? Einen guten Ruf hat auch der Spießbraten, den einst Edelsteinsucher aus dem Hunsrück aus Südamerika in ihre Heimat mitbrachten. Das Fleisch wird dabei an langen Spießen über Hartholz- oder Rebholzfeuer gegart. Nicht minder originell ist der Schwenkbraten, an Ort und Stelle »oigeleschter Schwenkbrode« genannt. Das Fleisch, am besten vom Schweinenacken, wird vor dem Garen mariniert. Dann legt man die Fleischscheiben auf einen runden Grillrost, der an einem Dreibeingestell über dem Bratfeuer hängt. Während des Garens pendelt der Rost an langen Ketten hin und her. Berühmt sind auch der warm servierte Zwiebelkuchen der Pfalz, das Spanferkel auf saarländische Art, der Kirschenmichel, hier »Kerscheplotzer« genannt, der Moselfisch in Weißwein – und vor allem natürlich der Wein. Zu Rheinland-Pfalz, dem einzigen Bundesland mit einem eigenen Weinbauministerium, gehören sowohl die Pfälzer Weinlagen, vor allem im Bereich der Deutschen Weinstraße, als auch die rheinhessischen Weine, die Weine von Mosel, Saar und Ruwer, von der Nahe und von der Ahr. Rheinhessen ist das zur Zeit größte deutsche Weinanbaugebiet, es hat die Rheinpfalz mit seiner größeren Rebfläche vor einigen Jahren knapp überholt.

Hier kann man vom Frühjahr bis hinein in den späten Herbst ein Winzerfest nach dem andern feiern – vom Mandelblütenfest in Gimmeldingen über den weithin gerühmten Dürkheimer Wurstmarkt, das Speyerer Brezelfest und die Deidesheimer Geißbockversteigerung bis zum Nordpfälzer Herbstfest in Rockenhausen oder dem Wormser Backfischfest.

Die Pfalz spielt auch noch auf einem anderen Gebiet der Küchen- und Kellerkunst eine Rolle. In Zweibrücken erblickte nämlich der Vorläufer der modernen Konserve das Licht der Welt. Napoleon I. hatte einen Preis für ein Verfahren ausgeschrieben, Lebensmittel für seine Armee haltbar zu machen. Der Hofkoch des Zweibrücker Herzogs, Nicolas Appert, hatte die entscheidende Idee und gewann den Preis des kriegerischen Korsen.

30 g Butter
60 g Grünkernmehl
1 l Fleischbrühe
Salz
weißer Pfeffer aus der Mühle
1 Prise geriebene Muskatnuß
4–5 EL Kerbelblättchen
1–2 Eigelb
4 EL Sahne
2 Scheiben Weißbrot
20 g Butter

Butter in einem Topf erhitzen, das Grünkernmehl hineingeben und unter Umrühren leicht anrösten. Fleischbrühe angießen, die Suppe 15–18 Minuten kochen, mit Salz, Pfeffer und Muskat würzen. Kerbelblättchen waschen und abtropfen lassen, in die Suppe geben, kurz aufkochen. Eigelb mit Sahne verquirlen und die Suppe damit binden, nicht mehr zum Kochen bringen. Weißbrotscheiben würfeln, in einer kleinen Pfanne in heißer Butter goldgelb rösten und beim Anrichten auf die Suppe streuen.

Kerbelsuppe

Die Rheinpfalz ist ein Landstrich, in dem die Suppentradition seit jeher hochgehalten wird. Das 1858 in Mannheim gedruckte »Pfälzer Kochbuch« der Anna Bergner verzeichnet allein 80 Suppenrezepte, darunter mehrere Grünkernsuppen, eine klare Hopfensuppe und eine Zwiebelsuppe, von der Autorin als feinste Suppe der Welt gefeiert. Es gibt aber auch eine Schokoladensuppe ohne Schokolade sowie eine Schildkrötensuppe ohne Schildkröte und die am Rhein weit verbreitete Franzosensuppe, letztere zubereitet mit viel Gemüse und gewürzt mit Muskat, Pfeffer und Schnittlauch.
Die berühmte Kerbelsuppe galt einst sowohl als Fasten- wie als Diätsuppe. Mit Vorliebe kam sie am Gründonnerstag auf den Tisch, denn an diesem Tag gehörte es sich, »etwas Grünes« zu essen. Kerbelkraut wurde im eigenen Garten gezogen und frisch verwendet. Die Köchin achtete darauf, daß es nur ganz kurz mit aufgekocht wurde, damit es sein eigenartiges Aroma – ein leichter Anis- oder auch Lakritzengeschmack – nicht verlor.
Daß es im übrigen an Fastentagen durchaus nicht immer spartanisch zugehen mußte, belegt ein Menüvorschlag für ein Fastendiner, berechnet »für 12 Damen« und zitiert nach dem Kochbuch der Frau Bergner. Da gab es vorweg eine Mandelsuppe mit Reis, dann Teltower Rübchen mit Börsch (was immer das sein mag) und Makkaroni mit Froschschenkeln. Es folgten ein Türbot (Steinbutt) auf dem Rost, ein mit Krebsschwänzen gespickter Hecht, eine Aalmayonnaise und ein Salm (Lachs) mit weißer Sauce. Überbackenes Gefrorenes und solches mit Kastanien bildete mit vanilliertem Rahmschnee den Abschluß des Hauptteils. Damit die Damen sich von diesen Anstrengungen erholen konnten, gab es als Dessert schließlich noch eine Mazarinertorte (das ist eine Mandeltorte mit 12 Eiern, viel Butter und Sahne), acht kleine Teller mit Konfekt, vier Teller mit Obst und obendrauf einen Quittenlikör.
Wer es sich leisten konnte, brauchte also auch in der Fastenzeit nicht auf exquisite kulinarische Genüsse zu verzichten.

Backesgrumbeere

200 g Räucherspeck in hauchdünnen Scheiben
1 kg Kartoffeln
1–2 Zwiebeln
Salz
weißer Pfeffer aus der Mühle
1 Lorbeerblatt
2 Gewürznelken
1 Prise zerriebener Majoran
500 g magerer Schweinebauch
½ l trockener Weißwein
4 EL Sahne
1 Prise gemahlener Zimt
40 g Butter

Boden eines großen Topfes mit den Speckscheiben auslegen. Kartoffeln schälen, waschen und vierteln. Zwiebeln schälen, halbieren und in Scheiben schneiden. Beides mischen und in den Topf geben, dabei kräftig würzen, Lorbeerblatt, Nelken und Majoran dazugeben. Schweinebauchschwarte kreuzweise einritzen, das Fleisch mit Salz und Pfeffer einreiben, auf die Kartoffeln legen und etwas in diese hineindrücken. Wein mit Sahne vermengen, mit Zimt würzen und über Fleisch und Kartoffeln gießen. Butter in Flöckchen aufsetzen. 45 Minuten im vorgeheizten Backofen bei 200° C backen, dann die Hitze auf 150° C zurückschalten und die Backesgrumbeere fertig garen.
Dazu kann man herzhaftes Bauernbrot und grünen Salat oder eingelegte rote Beten reichen. In der Pfalz wird oft auch Buttermilch dazu serviert.

Für Backesgrumbeere, ein traditionsreiches Eintopfgericht, gibt es zahlreiche Rezepte. Kartoffeln und Schweinefleisch (früher nahm man Salzfleisch) dürfen jedoch niemals fehlen. Früher wurden die Backesgrumbeere im Backofen des Bäckers gegart – die Nachhitze nach dem Brotbacken reichte dafür völlig aus. Daher hat das Gericht auch seinen Namen: Der Bakkes ist der Backofen (oder auch der Bäkker), und bei den Grumbeere handelt es sich um die örtliche Bezeichnung für Kartoffeln, abgeleitet aus »Grundbirnen«.
Als Geburtsort der Backesgrumbeere gilt das Weindorf Framersheim bei Alzey. Weil die Zubereitung dort so beliebt ist, werden die Framersheimer auch »Backesgrumbeere« genannt, und das Eintopfgericht steht manchmal auf dem Speiseplan offizieller örtlicher Veranstaltungen. Ähnliche Rezepte gibt es unter anderen Namen auch in der Nachbarschaft – etwa im Elsaß oder im Badischen, wo der »Bäckeofen« oder »Bäckeofe« weit verbreitet ist.
An Vorschlägen für nahrhafte Kartoffelgerichte fehlt es in der Rheinpfalz und im Saarland nicht. Bekannt sind die »Gequellten«, in alten Kochbüchern auch als Kartoffeln »à la robe de chambre«, im Hauskleid, angepriesen. Dabei handelt es sich um schlichte Pellkartoffeln. Schnitzkartoffeln sind dagegen Salzkartoffeln, die in heißer Butter geschwenkt und mit gehackter Petersilie bestreut werden.
Unter den Kartoffelklößen nach Pfälzer Machart sind besonders die Hoorigen Knepp zu erwähnen, Klöße aus rohen und gekochten Kartoffeln. Ihren Namen haben sie daher, daß sie an der Oberfläche etwas »pelzig« schimmern, als wären sie behaart. Hoorige Knepp schmecken zu Wild, Braten aller Art und Ragouts, man kann sie aber auch zu Salaten oder Kompott reichen.
Die Schupfnudele schließlich, manchenorts auch Buwespitzle genannt, sind fingerförmige Nudeln aus gekochten Kartoffeln und Mehl, die in leicht gesalzenem Wasser gegart und dann in heißem Fett angebraten werden – ideal zu allen Fleischgerichten mit Sauce.

Rebhühner auf Pfälzer Art

4 vorbereitete Rebhühner
Salz
weißer Pfeffer aus der Mühle
250 g hauchdünne Speckscheiben
80 g Butterschmalz
60 g Räucherspeck
100 g Weißbrotwürfel
4 EL Weinbeeren
¼ l saure Sahne
20 g Speisestärke

Rebhühner waschen und mit Küchenkrepp trockentupfen, innen und außen mit Salz und Pfeffer einreiben. Speckscheiben umlegen und mit Küchengarn festbinden. Butterschmalz in einer Bratpfanne erhitzen, die Rebhühner hineingeben und von allen Seiten kräftig anbraten, dann den gewürfelten Räucherspeck und die Weißbrotwürfel hineingeben, etwa 1 Tasse heißes Wasser angießen und die Rebhühner unter gelegentlichem Wenden garen.
Bratensatz mit etwas Wasser loskochen, Weinbeeren hineingeben und durchkochen. Sahne mit Speisestärke verquirlen, zur Sauce geben und einmal aufkochen. Die Sauce durch ein Sieb streichen, abschmecken und zu den auf einer vorgewärmten Platte angerichteten Rebhühnern reichen.
Dazu gibt es Kümmelkartoffeln oder Kartoffelkroketten und Weinsauerkraut mit halbierten Walnußkernen.

Die unscheinbaren Fasanenvögel mit dem braunen Fleck auf der Brust waren einst in der rebenreichen Rheinpfalz häufig anzutreffen, gehören aber seit langem schon zu den Seltenheiten. Ihren Namen haben sie nicht etwa von der Rebe, sondern vom althochdeutschen Wort »reba« = braun, vielleicht aber auch nach einer alten slawischen Bezeichnung für das Tier oder, wie im Mittelalter angenommen, nach dem Ruf des Vogels, den man mit einiger Phantasie als »kirr-repp« deuten könnte.
In der Pfalz pflegt man die Rebhühner ohnedies nicht mit ihrem hochdeutschen Namen zu bezeichnen – hier heißen sie Feldhühner oder Feldhinkel, und die pfälzische Kochbuchautorin Mathilde Jung schwärmt in ihrem Küchenbrevier »Eine Landschaft kocht«: »Sie sind in ihrer Zartheit und ihrem Duft nach Herbst und Wein und Wald eines der köstlichsten pfälzischen Gerichte.«
Bei Festen in der Pfalz fehlt auch das Geflügel nicht auf der Tafel. So heißt es in dem Gedicht »Des Pfälzers Kerwe-Küchenzettel« von Wilhelm Palatinus:
»Blutworscht, Bratworscht, Leberworscht,
Herrgott, kriegt mer do en Dorscht!
Sauerkraut un Schweineknöchel,
Gäns un Ent' un annre Vöchel:
Mit der Gawwel in de Schnawwel –
So, des wär' d'Haupt-Affär'.
Jetzt nor noch e klee Dessähr!«
Und dann schwärmt Palatinus weiter von Pannekuche, Appelbrei, Quetschekuche und anderen Herrlichkeiten.
Ein eigenes Wörterbuch braucht der Ortsfremde, um alle die Namen zu verstehen. So steht in der Pfalz Geleriewe oder Gelbrübscher für Mohrrüben, Käschte für Kastanien, Lewwer für Leber, Paradeiser für Tomate, Peterle für Petersilie, Weck für Semmel und Woi für Wein. Gebrätelte sind dagegen Bratkartoffeln, Kiechelcher werden kleine Kuchen genannt, Stambes ist etwas Zerstampftes und wer Broode liebt, hat eine Vorliebe für Braten.

1 vorbereiteter Wildhase
500 g magerer Schweinebauch
40 g Schweineschmalz
2–3 Zwiebeln, 1 Mohrrübe
1 Stückchen Sellerieknolle
½ Petersilienwurzel
1 EL Mehl, Salz
schwarzer Pfeffer aus der Mühle
¼ l kräftiger Rotwein
⅛ l Fleischbrühe, 2 EL Essig
1 EL Johannisbeergelee
1 Prise gemahlener Piment
1 Prise zerriebener Thymian
1 zerriebenes Lorbeerblatt

Den Hasen in 8–10 Stücke zerlegen. Bauchfleisch waschen, mit Küchenkrepp trockentupfen und in Würfel schneiden. Schweineschmalz in einem großen Topf mit fest schließendem Deckel erhitzen. Geschälte und feingewürfelte Zwiebeln, Mohrrübe, Sellerie und Petersilienwurzel darin kräftig anrösten. Fleisch dazugeben, mit Mehl bestäuben, salzen und pfeffern, unter mehrmaligem Wenden von allen Seiten anbraten.
Rotwein mit Fleischbrühe, Essig, Johannisbeergelee, Piment, Thymian und Lorbeer aufkochen, über das Fleisch gießen. Den Topf schließen (am besten Deckelritze mit Mehlkleister abdichten), den Dippehas im vorgeheizten Backofen in 80–90 Minuten bei 175° C garen.
Dazu kann man Teigwaren oder Kartoffelklöße (in der Pfalz »Schneebällchen« aus gekochten Kartoffeln) und frischen Salat reichen.

Rheinpfälzer Dippehas

(6 Personen)

Ein Dippe oder Dibbe ist in der Pfalz ein Topf. Beim Dippehas handelt es sich demzufolge um einen Hasen, der gemeinsam mit Schweinefleisch in einem Topf geschmort wird. Damit alle die guten Zutaten, vom Rotwein bis zum Thymian, voll auf das Fleisch einwirken können, muß der Topf einen fest schließenden Deckel haben, der zudem noch mit Mehlbrei oder Brotteig angeklebt wird, damit der Dampf nicht entweichen kann. Wem das zu umständlich ist, kann den Topfhasen auch im Römertopf zubereiten.
Wer den Hasen direkt vom Jäger kauft, sollte darauf achten, daß er auch etwas Hasenblut mitbekommt. Es macht die Sauce sämiger und pikanter und fehlt bei keinem der überlieferten Originalrezepte. Zwei Eßlöffel Blut genügen, sie werden ganz zum Schluß, mit einem Eigelb verquirlt, in die Sauce gerührt, die danach nicht mehr zum Kochen gebracht werden darf. Man kann das Blut aber auch mit Rotwein oder Essig verrühren und an die Sauce geben – in diesem Fall kann sie getrost noch weiterkochen.
In der Pfalz gibt es meistens Schneebällchen zum Dippehas, nach Meinung der Pfälzer die zarteste Kartoffelschöpfung aller Zeiten. Gekochte Kartoffeln werden dazu gerieben oder durch den Fleischwolf gedreht. Hinzu kommen eine feingehackte, in Butter gedünstete Zwiebel und zwei bis vier Eier (das gilt für ein Kilogramm Kartoffeln). Gewürzt wird mit Salz, Majoran und Muskat. Fügen Sie dann zwei bis drei Eßlöffel Mehl bei und schlagen Sie den Teig mit einem großen Rührlöffel, bis er sich von der Schüsselwand löst. Die Mehlmenge müssen Sie selbst ausprobieren, sie hängt vom Feuchtigkeitsgehalt der Kartoffeln und der Eiermenge und -größe ab. Vom fertigen Teig werden mit einem Eßlöffel eigroße Bällchen abgestochen und in leicht gesalzenem Wasser gegart. Die abgetropften Schneebällchen sollten sofort serviert werden – wenn Sie wollen, können Sie noch gebräunte Butter darübergießen.

Pfälzer Saumagen

(8 Personen)

1 mittelgroßer Schweinemagen (beim Fleischer bestellen), Salz
250 g Schweinekamm ohne Knochen
250 g fettes Bauchfleisch, 2 Zwiebeln
500 g gekochte Kartoffeln
60 g Schweineschmalz
300 g Bratwurstfülle, 2 Eier
1 altbackene Semmel, etwas Milch
schwarzer Pfeffer aus der Mühle
1 EL zerriebener Majoran
1 TL zerriebener Thymian
1 TL gehackter Kümmel
1 Prise geriebene Muskatnuß
1 Prise gemahlener Piment
1 Bund Suppengrün
60 g Schweineschmalz

Den vorbereiteten Saumagen über Nacht in leicht gesalzenem Wasser ziehen lassen. Am nächsten Tag innen und außen gründlich unter fließendem Wasser abspülen.
Schweinekamm und Bauchfleisch waschen, mit Küchenkrepp trockentupfen und in kleine Würfel schneiden. Zwiebeln schälen und fein würfeln. Kartoffeln in möglichst kleine Würfel schneiden. Schweineschmalz in einem Topf erhitzen, Fleisch- und Zwiebelwürfel darin kräftig anbraten, dann die Kartoffeln dazugeben und etwa fünf Minuten mitbraten. Topf von der Brennstelle nehmen und den Inhalt etwas abkühlen lassen, dann mit Bratwurstfülle, Eiern, der in Milch geweichten, ausgedrückten und zerpflückten Semmel und allen Gewürzen vermischen. Die Füllmasse kräftig miteinander verkneten, damit sie gut zusammenhält. Füllung in den Saumagen geben, dabei den Magen nicht zu prall füllen, damit er nicht platzt, und die Öffnungen mit Küchengarn zubinden. Den Magen gleichmäßig, aber nicht zu fest in eine Serviette binden, mit dem geschnittenen Suppengrün in einen Topf mit leicht gesalzenem Wasser geben und 3–4 Stunden bei etwa 75° C sieden, aber nicht sprudelnd kochen. In der Serviette abkühlen lassen.
Den abgetropften und abgetrockneten Saumagen in einer Pfanne in heißem Schweineschmalz ringsherum braun braten. Bratensatz mit etwas Kochbrühe loskochen, abschmecken und als Sauce zu dem in Scheiben geschnittenen Saumagen servieren.
Dazu gibt es Weinsauerkraut und deftiges Bauernbrot.

Kurz vor Weihnachten wurde einst auf den Pfälzer Bauernhöfen ein Schwein geschlachtet – so stand an den Feiertagen alles zur Verfügung, was man sich nur wünschen konnte: frisches Fleisch in Mengen, fette Wurstbrühe, delikate Würste, mit Äpfeln und Zwiebeln ausgelassenes Fett und mancherlei mehr. Ein Stück vom Schwein jedoch wurde zu Weihnachten nicht angerührt: der Magen. Ihn hob man für Silvester auf. Gefüllt mit Fleisch und Kartoffeln wurde er zuerst geruhsam gekocht, dann ringsherum angebraten.
In alten Kochbüchern aus der Pfalz heißt das Rezept vornehm »Schweinen-Magen zuzubereiten«. Auf dem Land sprach man schlicht vom Saumagen. Er wurde weit über die Pfalz hinaus als Superspezialität berühmt, und erntete Ruhm für sein Herkunftsland auch auf internationalen Kochkunstausstellungen. In den Haushalten wird er nur noch selten zubereitet, weil er viel Arbeit macht. Aber in vielen Gaststätten steht er häufig auf dem Programm. Kenner schwärmen besonders für das Stück vom fleischigen Magenende, »Inditzel« genannt.

Hunsrücker Spießbraten

(8 Personen)

2 kg Schweineschulter ohne Knochen und Schwarte
Salz
schwarzer Pfeffer aus der Mühle
3 große Zwiebeln
2 TL zerriebener Majoran
2 TL zerriebenes Basilikum
80 g Schweineschmalz
1 Tasse helles Bier

Schweineschulter der Länge nach aufschneiden und auseinanderklappen, kräftig mit Salz und Pfeffer einreiben. Zwiebeln schälen und fein würfeln, auf dem Fleisch verteilen, mit Majoran und Basilikum würzen. Das Fleisch zusammenrollen und mit Küchengarn binden, außen ebenfalls salzen und pfeffern.
Den Spießbraten auf eine lange Spießgabel stecken, mit Schweineschmalz bestreichen. Das Fleisch über der Glut (nicht der offenen Flamme) eines Hartholzfeuers in etwa zwei Stunden garen, dabei immer wieder wenden und mehrmals mit Schmalz bestreichen. In der letzten halben Stunde den Braten mit Bier bepinseln, damit er eine knusprige Kruste bekommt. In Scheiben geschnitten servieren.
Dazu gibt es Bauernbrot oder Folienkartoffeln vom Grill und Salzgurken oder einen frischen Salat.

Mit dem Spießbraten, an Ort und Stelle Schpeeßbroode genannt, hat es seine besondere Bewandtnis. Jede Gemeinde schwört auf ihre spezielle Zubereitungsart. Alle setzen die nötigen technischen Geräte voraus, die es keineswegs in jedem Haushalt gibt. So hat sich für Spießbratenfreunde, die nicht im Hunsrück wohnen, eine Rezeptur eingebürgert, die sich nur noch locker an die Originalvorschrift anlehnt. Sie steht in vielen Kochbüchern.
Im Hunsrück freilich fand diese Vereinfachung nur wenig Freunde. Als zuständiger und sachverständiger Mann stellte sich Oberbürgermeister Korb von Idar-Oberstein an die Spitze der Protestanten: »Mit Spießbraten, insbesondere auf Hunsrücker Art, hat dieses Grillrezept nichts zu tun. Dafür verbürgen wir uns hier in Idar-Oberstein.«
Lassen wir den Idar-Obersteiner OB weiter zu Wort kommen – er muß es am besten wissen: »Die Idar-Obersteiner Rohsteinsucher brachten den Originalspießbraten der brasilianischen Gauchos vor rund 200 Jahren mit nach Deutschland, und von Idar-Oberstein trat dann in den zurückliegenden Jahrzehnten der wirkliche Spießbraten seinen Siegeszug in die deutschen Lande an. Er wurde zuerst nur am Spieß über einem offenen Holzkohlenfeuer gebraten, wie z.B. heute noch bei Festlichkeiten von Vereinen. Der sogenannte Schaukelbraten auf dem Rost ist eine Abart späterer Jahre. Diese Art des Bratens von Fleisch hat sich in den letzten 30 Jahren vor allem in Speiselokalen (und auch in Privathaushalten) eingebürgert, weil man auf diese Weise das zeitlich wesentlich aufwendigere Braten am Spieß umgehen konnte.«
Und noch ein paar Tips: Holzkohlenglut kommt überhaupt nicht in Frage – es muß sich um ein Hartholzfeuer handeln. Außerdem muß der Fleischqualität besonderes Augenmerk zugewandt werden: Das Stück darf keineswegs zu fett, soll aber auch nicht zu mager sein. Sagen Sie das Ihrem Fleischer. Wenn er Sie gut bedient, steht der Verwirklichung des echten Spießbratens nach unserem Rezept nichts mehr im Wege.

Döbbekooche

1 kg mehlige Kartoffeln
2–3 Zwiebeln
Salz
weißer Pfeffer aus der Mühle
1 Prise geriebene Muskatnuß
200 g durchwachsener Räucherspeck
1 altbackene Semmel
etwas Milch
1 Ei
2–3 EL Öl

Kartoffeln und Zwiebeln schälen und reiben, das Wasser in einem Sieb abtropfen lassen. Die Masse mit Salz, Pfeffer und Muskat würzen. Räucherspeck fein würfeln und in einer Pfanne kräftig anbraten, mit dem Bratfett zu den Kartoffeln geben und untermischen. Semmel in etwas Milch einweichen, ausdrücken und zerpflücken, ebenfalls zum Kartoffelteig geben und mit dem Ei zusammen gründlich einarbeiten.
Eine ofenfeste Form mit Öl bestreichen, den Kartoffelteig hineinfüllen und glattstreichen. Restliches Öl auf die Oberfläche träufeln. Den Döbbekooche im vorgeheizten Backofen etwa 100–120 Minuten bei 200° C backen, heiß servieren.
Dazu gibt es Apfelmus, gedünstetes Backobst oder Pflaumenkompott. In manchen Gegenden reicht man auch gebratene Blutwurst dazu.

Um einen Kuchen handelt es sich bei diesem »Topfkuchen« nicht, sondern um eine Art Kartoffelauflauf, der in den Städten und Dörfern auf beiden Seiten des Mittelrheins zu den traditionellen Genüssen gehört. Für seine Beliebtheit spricht, daß es zahllose Rezepte für Döbbekooche gibt und daß sich das Gericht hinter unzähligen Namen versteckt: Döppcheskoche, Duppekuchen, Düppelkoven, Dippekuche und Dippedotz sind nur ein paar davon. An der Mittelmosel und in Trier wird der Topfkuchen »Scholes« genannt – eine Bezeichnung, die auf die koschere jüdische Küche hinweist, von der das Gericht möglicherweise abstammt. Mit dem Döbbekooche eng verwandt sind die Sauerländer Potthucke und der westfälische Kastenpickert, der rheinische Flennes und der Thüringer Aschkuchen.
Trotz dieser vielen Namen kann man den Döbbekooche beim besten Willen nicht der gehobenen Küche zurechnen, was ihm unter anderem den Spottnamen »Armeleutegans« eingetragen hat. Gänsebraten war in der Pfalz, wie auch in anderen Gegenden, schon im Mittelalter das traditionelle Kernstück des Martinsessens. Am Martinstag (11. November) hatten die Landpächter die jährliche Pachtsumme zu entrichten. Wohlhabende Grundherren luden ihre Pächter zum Gansessen ein. Die weniger gut betuchten (oder auch die geizigen) ließen es bei einem Döbbekoochenessen bewenden. So wurde der Döbbekooche im Lauf der Jahrhunderte als Gänsebraten-Ersatz zum typischen Bestandteil des Martinsessens. Noch heute bieten die Koblenzer Gaststätten am Martinstag Döbbekooche an. Familien, Vereine, Firmenbelegschaften machen sich zum Döbbekoocheessen auf. Der Topfkuchen schmeckt am besten, wenn er im Backofen des Bäckers zubereitet wird. In manchen Gegenden gibt es das heute noch.

Pfälzer Kerscheplotzer

6–8 altbackene Semmeln
¼ l lauwarme Milch
100 g Butter
80 g Zucker
4 Eier
1 Prise Salz
1 TL Zimt
1 Schnapsglas (2 cl) Kirschwasser
750 g Süß- oder Sauerkirschen
100 g gehackte Walnüsse
etwas Fett für die Form
1–2 EL Semmelmehl
40 g Butter zum Belegen

Semmeln in feine Scheiben schneiden, mit lauwarmer Milch übergießen und 30 Minuten ziehen lassen. Butter mit Zucker und Eigelb schaumig rühren, nach und nach die Semmelmasse untermischen und verrühren, mit Salz und Zimt würzen und das Kirschwasser einarbeiten. Die gewaschenen und abgetropften Kirschen mit der Semmelmasse vermengen und die Walnüsse dazugeben. Eiweiß steif schlagen und vorsichtig unterziehen.
Die Masse in eine gefettete und mit Semmelmehl ausgestreute ofenfeste Form füllen, glattstreichen und mit Butterflöckchen belegen, 45–55 Minuten bei 190–210° C im vorgeheizten Backofen backen. Warm oder kalt als Nachspeise oder zum Kaffee reichen.

Die Mehlspeise mit Kirschen (Kersche) gibt es nicht nur in der Pfalz; ähnliche Zubereitungen sind aus Hessen, Franken und Thüringen bekannt, meist »Kirschenmichel« genannt. Man kann Kerscheplotzer mit altbackenen Semmeln oder Semmelmehl (Weckmehl) zubereiten – unser Rezept bevorzugt die erste Möglichkeit –, es gibt aber auch Backvorschriften, die von einem leckeren Rührteig ausgehen. Zweifellos ist Semmelmasse die ältere Form; an altbackenen Semmeln war in bäuerlichen Haushalten kein Mangel, daher die vielen Mehlspeisen- und Kloßrezepte auf Semmelbasis.
Für Mehlspeisen schwärmte schon vor über 300 Jahren eine Dame, die bis heute als eine Art Nationalheilige der Pfälzer gilt: Liselotte von der Pfalz, 1652 in Heidelberg geboren, in Hannover aufgewachsen und aus politischem Kalkül mit Herzog Philipp von Orléans, dem Bruder des französischen »Sonnenkönigs« Ludwig XIV., verheiratet. Mit vollem Namen hieß Liselotte eigentlich Elisabeth Charlotte von der Pfalz. Sie lebte 50 Jahre lang am französischen Hof und schaffte es doch, sich ihr urwüchsiges, freimütiges Wesen, ihren Mutterwitz und ihre Muttersprache zu bewahren. Unzählige Briefe legen davon Zeugnis ab, was Liselotte in Frankreich erlebte und beobachtete – und was ihr an der Hofküche nicht paßte. »Man kann hier keine guten Pfannkuchen machen«, schrieb sie, »Milch und Butter seind nicht so gut als bei uns, haben keinen guten Geschmack, seind wie Wasser. Die Kräuter seind auch nicht so gut wie bei uns; die Erd ist nicht fett, sondern zu leicht und sandig; das macht die Kräuter und auch das Gras ohne Stärcke, und das Vieh, das es ißt, kann also keine gute Milch geben.«
Immerhin konnte sie ihren Schwager, Ludwig XIV., dazu bewegen, im Gemüsegarten von Versailles alle möglichen Kohlsorten anbauen zu lassen. Seitdem kam auch Sauerkraut auf den Tisch, und weil es von einer deutschen Prinzessin eingeführt wurde, hält man es in Frankreich seit den Zeiten der munteren Liselotte für ein deutsches Nationalgericht.

Für den Teig:
500 g Mehl, 30 g Hefe, 1 Prise Zucker
1/8 l Milch, 75 g Butter
2 Eier, 1 Prise Salz
Fett für das Blech

Für den Belag:
300 g gewürfelter Schinkenspeck
750 g Zwiebeln
3 Eier
1/8 l saure Sahne
1 Prise Salz
1 gestrichener TL gehackter Kümmel
1 TL Paprika edelsüß
weißer Pfeffer aus der Mühle

Aus etwas Mehl, der in lauwarmer Milch aufgelösten Hefe und einer Prise Zucker einen Vorteig anrühren, zugedeckt 30 Minuten gehen lassen. Vorteig mit den übrigen Teigzutaten zu einem glatten Teig verarbeiten, zum Ballen formen und nochmals 40 Minuten gehen lassen. Den Teig ausrollen, auf ein gefettetes Backblech geben und ringsum einen Rand formen, nochmals gehen lassen.
Speck und geschälte, in Scheiben geschnittene Zwiebeln kurz anschmoren, etwas abkühlen lassen und auf der Teigplatte verteilen. Eier mit Sahne, Salz, Kümmel, Paprika und Pfeffer vermengen und über die Speckzwiebeln geben. Den Kuchen 20–25 Minuten bei 210–220° C backen, noch heiß in Stücke schneiden und servieren.

Pfälzer Zwiwwelkuche

Mer eßt net mieh, als met aller Gewalt in ehm neigeht«, heißt es in der lebensfrohen Pfalz. Das gilt auch für den Zwiwwelkuche, nach dem es in pfälzischen Dorfstraßen aus allen Häusern riecht, sobald der »Neue« ausgeschenkt wird, der junge, noch nicht durchgegorene Wein, den man andernorts als Federweißen, Bitzler, Suser oder Sauser bezeichnet. Weil dieses Vergnügen nur ein paar Wochen dauert, gibt es Zwiwwelkuche auch zum fertigen Wein – dieser darf fruchtig und spritzig sein, aber auf keinen Fall lieblich.
Mit Wein vertragen sich auch viele der Pfälzer Würste, von denen es an Ort und Stelle heißt: »Vor dem Dorscht und nach dem Dorscht, immer schmeckt die Pälzer Worscht.« Berühmt ist die Pfälzer Lewwerworscht, die jeder Metzger auf seine Weise zubereitet – auf jeden Fall muß genug Majoran drin sein. Aber auch Schwartenmagen, heiße Fleischwurst und geräucherte Bratwurst haben ihre Liebhaber. Schließlich ißt man in der Pfalz nach der alten Erkenntnis: »Der Mensch hot en Mage und nit umesunscht.«

Mit Worscht, Weck un Woi dürfte auch die Schloßherrin Eva auf der pfälzischen Burg Neuleiningen Anno 1525 ihre Belagerer bewirtet haben. Damals ging die benachbarte Burg Altleiningen in Flammen auf. Die Brandstifter, im Zeichen des Bundschuhs operierende aufständische Bauern, wandten sich nun Burg Neuleiningen zu. Es gelang Eva, die Vertreter der grünen Front zu Verhandlungen in ihr Schloß einzuladen. Nach erfolgreichem Imbiß verlor der Bauernverband die Lust an weiteren Gewalttaten. Burg Neuleiningen steht heute noch, und in der Burgschenke kann man das historische Arbeitsessen mit kräftiger Kost und Pfälzer Wein ungestört wiederholen.

QUALITATSWEIN
Edenkobener

Weincreme

4 Eigelb
200 g Zucker
abgeriebene Schale einer Zitrone
Saft einer Zitrone und einer Orange
¼ l kräftiger Pfälzer Weißwein
8 Blatt weiße Gelatine
¼ l Sahne
1 EL Zucker
8–16 Weinbeeren

Eigelb mit Zucker, Zitronenschale, Zitronen- und Orangensaft verrühren, den Weißwein dazugeben. Die Mischung im Wasserbad erhitzen und dabei kräftig mit dem Schneebesen oder dem Rührquirl des Handrührgerätes schlagen, bis die Masse aufsteigt. Aus dem Wasserbad nehmen und die in etwas kaltem Wasser eingeweichte Gelatine unter Umrühren darin auflösen, nicht mehr zum Kochen bringen. Die Creme abkühlen lassen und dabei immer wieder umrühren. Sahne steif schlagen und unterziehen, wenn die Creme zu gelieren beginnt. Dessertschüsselchen oder Sektschalen mit kaltem Wasser ausspülen, etwas Zukker hineinstreuen und die Creme hineinfüllen, im Kühlschrank erstarren lassen. Mit halbierten und entkernten Weinbeeren garniert als Nachspeise reichen.
Wenn man etwas Schlagsahne zurückbehält, kann man die Weincreme zusätzlich damit garnieren.

Daß es im weinreichsten deutschen Bundesland zahlreiche Rezepte für Gerichte mit Wein gibt, versteht sich beinahe von selbst. Die luftige Weincreme ist eine beliebte Nachspeise. Sie wird mit Gelatine verfestigt. Einfacher ist die Weinsauce zuzubereiten, die zu Mehlspeisen und Puddingen aller Art paßt. Sie brauchen nur vier bis fünf Eigelb mit einem Viertelliter gesüßtem und gewürztem Wein im Wasserbad oder auf kleinster Flamme so lange mit dem Schneebesen zu schlagen, bis die Masse aufsteigt. Weinsauce kann warm oder kalt serviert werden.
Wenn Sie Pfälzer Wein an Ort und Stelle probieren wollen, müssen Sie sich mit den speziellen Weinmaßeinheiten der Pfalz auseinandersetzen. Ein Schoppen Wein ist hier nicht etwa ein Viertelliter, sondern ein halber Liter, in einem zylindrischen Glas serviert. Am Stammtisch bestellen sich meist drei oder vier Gäste gemeinsam einen Schoppen und trinken reihum. So bleibt der Wein immer schön frisch und kühl.
Wer lieber bei seinem eigenen Glas bleiben will, muß »en Halbe« bestellen. Dabei handelt es sich nun wiederum nicht um einen halben Liter, sondern um einen halben Schoppen – Inhalt des Pokals also ein Viertelliter. Schließlich gibt es in der Pfalz noch den »Trollschoppen«, serviert in einem Literglas, dem sogenannten »Rhodter Pfiff« aus dem Weindorf Rhodt. Der Trollschoppen wird bestellt, wenn es für die Gäste allmählich Zeit wird, sich nach Hause zu trollen – das besagt jedenfalls die Pfälzer Auslegung dieser Bezeichnung. Bis freilich dieser letzte Liter reihum getrunken ist, vergeht noch einige Zeit.
Um auf die Kochkunst mit Wein zurückzukommen: In der Pfalz paßt Wein zu fast jedem Gericht. Sogar zu Bratkartoffeln, die trickreich mit Wein verfeinert werden und dann »Gebrätelte Woigrumbeere« heißen, was nichts anderes heißt als »Gebratene Weinkartoffeln«. Aber das können Sie nun auch schon selber übersetzen.

Württemberg und Baden

Schwaben ist, wie jeder weiß, das Land der Spätzle und Knöpfle, der delikaten Suppen und des leckeren Backwerks. Die Schwaben essen gut und vor allem nicht zu knapp. »Liaber meh esse, als z'wenig trinke« regt ein schwäbisches Sprichwort augenzwinkernd an.
Die wichtigsten unter den schwäbischen Teigwaren – und davon gibt es Dutzende – sind die Spätzle. Man kann sie wie Nudeln fertig kaufen. Schwäbische Küchenhistoriker betrachten diese Entwicklung jedoch mit Stirnrunzeln. Für sie sind Spätzle nur dann echte Spätzle, wenn sie mit einem Messer vom Brett geschabt werden. Auf diese Weise geraten sie lang und dünn. Das Spätzlesieb oder die Spätzlemühle kommen also eigentlich nur für Unbegabte in Frage.
Die zweitwichtigste schwäbische Teigzubereitung sind zweifellos die Maultaschen, kleine Täschchen aus dünnem Nudelteig, mit Spinat und Fleisch gefüllt, in Salzwasser gekocht und in Fleischbrühe serviert. Man kann sie aber auch zu Kartoffelsalat reichen, in der Pfanne aufschmälzen, mit Sauerkraut zu Tisch bringen oder auf ein Dutzend andere Weisen abwechslungsreich zubereiten.
Auch die Suppen werden in Württemberg mit Teigwaren angereichert, wobei es ungezählte Möglichkeiten gibt. Von den klaren Alltagssuppen zu unterscheiden sind die gestandenen Eintopfgerichte, bei denen man oft nicht genau weiß, ob es sich noch um eine Suppe oder schon um eine ausgewachsene Mahlzeit handelt. Ein berühmtes Beispiel dafür ist ein Eintopf namens Gaisburger Marsch – er zeigt, daß die Schwaben sich auch für Kartoffeln begeistern können. Der saftige Kartoffelsalat ist, so heißt es, ihre Erfindung. Außerdem haben sie auch Urheberrechte an den weit verbreiteten Laugenbrezeln angemeldet.
Eines guten Rufes erfreuen sich hierzulande die Wurstwaren. Davon zeugt schon die Geschichte von den Sieben Schwaben. Die ehrenwerten Streiter pflegten schon zum Frühstück sieben Ellen Würste zu verspeisen. Schwäbischen Ursprungs sind unter anderem die Landjäger, stark geräucherte und flachgedrückte Würste aus Rind- und Schweinefleisch. Warum sie diesen Namen tragen, haben die Sprachforscher noch nicht herausgefunden.
Traditionsreiche Backwaren sind die Springerle, kunstvoll gebacken mit Hilfe alter Modeln, sowie das Hutzel- oder Kletzenbrot aus schwerem Hefeteig mit einer Fülle von Zutaten, wobei das Dörrobst, die Hutzeln, im Vordergrund stehen. In manchen Gegenden war mit der Teigbereitung ein Fruchtbarkeitszauber verbunden: Die Köchin mußte mit teigverklebten Händen in den Garten gehen und die Obstbäume umarmen. Dann trugen sie im neuen Jahr besser.
Baden gilt, vor allem im Bereich des Schwarzwalds, als besonders gesegnete Küchenregion. Lokale Traditionen vermischten sich hier mit fremden Einflüssen, etwa aus Frankreich und der Schweiz, und brachten eine ganz eigenständige Kochkunst hervor, die internationalen Ruf erwarb. Nirgendwo sonst in der Bundesrepublik gibt es so viele hervorragend beurteilte Gaststätten auf so engem Raum. Man könnte ein ganzes Jahr damit verbringen, sie alle auszuprobieren. Hier paßt wirklich alles zusammen: frische Zutaten aus den Tälern und von den Bergen – und Kochkünstler, die ihre Aufgabe, für den Gast zu sorgen, mit Liebe und Sorgfalt erfüllen.

Sie schwärmen für eine herzhafte Suppe vorweg? Dann haben Sie, unter anderem, die Wahl zwischen einer zarten Schneckenrahmsuppe, einer Spargelcreme- oder einer deftigen Kartoffelsuppe aus dem Schwarzwald – es gibt sie locker und leicht oder auch so dick, daß »die Katz' darauf schlafen kann«, wie man hier sagt. Weithin gerühmt werden die Fischspeisen. Bachforellen aus kristallklaren Schwarzwaldbächen sind immer gefragt. Oder bevorzugen Sie einen Hecht auf badische Art, mit einem Käseüberzug gebraten und mit einer Sahnesauce angerichtet?
Kein renommiertes Restaurant, das nicht Wildgerichte auf der Speisekarte hätte. Am bekanntesten ist der Rehrücken »Baden-Baden«, der schön rosa gebraten auf den Tisch kommt, mit gedünsteten Birnen und Spätzle umlegt. Vom Schwein stammen herzhafter Bauernspeck, gut durchwachsenes Schwarzgeräuchertes und zarter Schinken. Die gepökelte und leicht angeräucherte Schweineschaufel, in einem Sud mit viel Gewürzen gekocht, ißt man als Schwarzwälder Schäufele mit kleinen Gewürzgurken und Silberzwiebeln – eine Spezialität, die Sie sich nicht entgehen lassen sollten.

Natürlich kennen Sie die Schwarzwälder Kirschtorte aus einem Mürbteigboden mit einer Auflage aus Kakaobiskuit und einer Füllung aus Kirschen und Schlagsahne. Viel älter sind Spezialitäten wie Kirsch- und Zwetschgenkuchen oder lokale Gebäckarten wie Küchle und Scherben, Frauenschenkeli und Kilbikichli, letztere eine Kirchweihspezialität.
Einen großen Namen haben die Branntweine aus dem Schwarzwald, allen voran das Schwarzwälder Kirschwasser, das es schon seit über dreihundert Jahren gibt. Hier und da wird aus Äpfeln »Mooscht« bereitet – hätte Adam im Paradies ihn schon gekannt, wäre es nie zum Sündenfall gekommen, heißt es in Baden: Adam hätte sofort eine paradiesische Mooschtproduktion aufgezogen. Die Weine aus Württemberg sind über das Ländle hinaus nur selten zu haben. In keinem anderen deutschen Weinbaugebiet wird soviel Rotwein angebaut. Weine aus Baden, etwa der berühmte Kaiserstühler, werden dagegen systematisch vermarktet und haben, weil »von der Sonne verwöhnt«, viele Freunde.

Schwäbische Flädlesuppe

1 Ei
1 Prise Salz
2 EL Milch
3 EL Mehl
1 EL Butter zum Backen
1 l gewürzte klare Fleischbrühe
1 Bund Schnittlauch

Ei mit Salz und Milch verquirlen, das Mehl dazugeben und alles zu einem glatten Eierkuchenteig verrühren, 20 Minuten ziehen lassen. Butter in einer Pfanne erhitzen, den Eierkuchenteig portionsweise hineingeben und hauchdünne Eierkuchen backen, etwas abkühlen lassen, zusammenrollen und möglichst feine Streifen schneiden. Fleischbrühe erhitzen und abschmecken, die Flädle hineingeben und heiß werden lassen, gehackten Schnittlauch aufstreuen.

Schwaben ist ein Suppenland, das gilt sowohl für den württembergischen wie für den bayerischen Teil. Suppen aus einer herzhaften Fleischbrühe haben dabei unbedingt den Vorzug, die gebundenen Suppen spielen eine geringere Rolle. Von einer richtigen schwäbischen Suppe kann nur die Rede sein, wenn tausend Augen aus dem Teller gucken, aber nur zwei hinein. Das behauptet ein alter Spruch – im Zeichen der schlanken Küche hat sich allerdings auch die Zahl der Fettaugen stark vermindert.
Flädle sind nichts anderes als hauchdünne Pfannkuchen, im benachbarten Bayern und in Österreich auch als Fritatten oder Fridatten bekannt. Denn in einer schwäbischen Suppe muß eine Einlage drin sein – »nackete« Fleischbrühe ist nicht gefragt. Die Flädlesuppe hat dabei den Rang einer offiziellen Suppe errungen, die auch bei Staatsbanketten auf den Tisch kommt. Aber es müssen nicht unbedingt Flädle sein – auch Riebele (abgeriebene Teigkrümel), Brätknödel (Hackfleischklößchen), Leberspätzle und viele Knöpfle- und Klößchenvarianten sind als Einlagen fürs »Süpple« beliebt und begehrt.

Die verkleinernde Endung »-le« spielt in der schwäbischen Küchensprache eine große Rolle. Da gibt es Träuble (Johannisbeeren) und Küchle (kleine Kuchen), Göggele (Brathähnchen) und Nierle (Nieren), Knöchle und Ripple, Briesle (Kalbsbries) und Gutsle (Süßigkeiten), Springerle (Eiergebäck) und Züngle und Bäckle und mancherlei mehr.
Und weil wir gerade beim Küchenschwäbisch sind, noch ein paar andere Vokabeln: Gsälz hat nichts mit Salz zu tun, sondern bezeichnet eine Art Marmelade, Kratzete wird hierzulande der Schmarrn genannt (Mistkratzerle sind dagegen Hühner, die unter freiem Himmel aufwachsen), Hutzel ist ein anderer Name für Dörrobst, aus dem auch Hutzelbrot gebacken wird (kein Brot, sondern ein inhaltsreicher Früchtekuchen), Andivi ist der Dialektausdruck für Endivie, und eine Schledderlessuppe ist eine Einlaufsuppe.

¼ l Kalbsbrühe
¼ l trockener Weißwein
1 Mohrrübe
1 Stückchen Sellerieknolle
1 Dose Schnecken (24 Stück)
1 TL Zwiebelpulver
½ TL Knoblauchgranulat
½ TL zerriebenes Basilikum
weißer Pfeffer aus der Mühle
1 Prise geriebene Muskatnuß
⅛ l saure Sahne
2 Eigelb
½ Bund Petersilie

Kalbsbrühe und Weißwein mischen. Mohrrübe und Sellerie putzen, waschen und in sehr feine Streifen schneiden, in die Brühe geben. Schnekken abtropfen lassen, fein schneiden oder hacken, mit dem Sud aus der Dose zur Brühe geben und alles 15 Minuten bei schwacher Hitze ziehen lassen. Die Suppe mit Zwiebel, Knoblauch, Basilikum, Pfeffer und Muskat würzen. Sahne mit Eigelb verquirlen und die Suppe damit binden. Mit gehackter Petersilie bestreut anrichten.

Badische Schnecken-rahmsuppe

Ursprünglich war das Schneckensüpple eine schlichte Bauernsuppe. In den Monaten mit »r«, von September bis April, wurden die Weinbergschnecken gesammelt, was meist Sache der Kinder war, und von der Hausfrau sachgemäß und ziemlich zeitaufwendig zubereitet. Erst in den letzten zwanzig Jahren hat sich die Schneckenrahmsuppe die städtischen Haushalte und vor allem die Gastronomie erobert, was nicht zuletzt daran liegt, daß es seitdem küchenfertige Schnecken in Dosen zu kaufen gibt, auf Wunsch mit den dazugehörigen Schneckenhäusern in einer besonderen Schachtel.
Wie man Schnecken einst vorzubereiten hatte, können wir in dem 1784 erschienenen Band »Unterricht für ein junges Frauenzimmer, das Küche und Haushalt selbst besorgen will« nachlesen:
»Laß die Schnecken, wenn sie zugedeckt (= durch einen Deckel verschlossen) sind, mit Wasser und Salz kochen; ziehe sie mit der Gabel aus dem Häuschen heraus, putze sie ab, lege sie in eine Schüssel und reibe sie wohl mit Salz, daß der Schleim davon kommt, brühe sie hernach mit kochendem Wasser ab, und laß sie in guter Brühe gar kochen. Setze unterdessen die Häuschen mit Essig und Salz an das Feuer, laß sie kochen und reibe sie inwendig und auswendig mit Salz ab; thu sie in frisches Wasser und dann in einen Durchschlag, daß das Wasser abläuft.« Es folgen ein halbes Dutzend Vorschriften, was mit den so präparierten Schnecken anzufangen sei – außer der Schneckensuppe, für die natürlich keine Häuser gebraucht werden, gibt es die mit Kräuterbutter zubereiteten Schnecken im Haus, ferner die gedämpften, marinierten und römischen Schnecken, das Schneckenragout und den Schneckenberg (zu letzterem baut man aus gefüllten Schneckenhäusern eine Pyramide, die mit Füllsel zusammengeklebt, mit Butter beträufelt und im Ofen gebacken wird).

2 TK-Hühnerbrüstchen
½ l Wasser, Salz
5 Pfefferkörner
500 g frischer Spargel
10 g Butter, 1 Prise Zucker
⅛ l heißes Wasser
4 kleine Tomaten
4 Scheiben Ananas (Dose)

Für die Marinade:
3 EL Mayonnaise, 3 EL saure Sahne
1 EL Zitronensaft
1 Bund Petersilie, Salz
weißer Pfeffer aus der Mühle
1 Prise Zucker
1 Spritzer Worcestersauce

Hühnerbrüstchen nach Vorschrift antauen lassen, in das mit Salz und Pfefferkörnern zum Kochen gebrachte Wasser geben und 20 Minuten bei schwacher Hitze kochen. Abtropfen und auskühlen lassen, von der Haut befreien und in Würfel oder Streifen schneiden.
Spargel waschen und schälen, in 5 cm lange Stücke schneiden. Butter in einem Topf erhitzen, Spargel hineingeben, zuckern und salzen, mit Wasser begießen, zugedeckt 20 Minuten garen, dann abkühlen und abtropfen lassen. Tomaten überbrühen, häuten und in Würfel schneiden. Ananas abtropfen lassen und in Würfel schneiden. Alle Salatzutaten in eine Schüssel geben.
Marinadezutaten miteinander vermischen und abschmecken, Petersilie dabei hacken, etwas zum Garnieren zurücklegen. Marinade mit dem Salat mischen, 30 Minuten kühl ziehen lassen, mit Petersiliensträußchen garniert zu Tisch geben.

Schwetzinger Spargelsalat

Der Spargelsalat ist eine jüngere Erfindung, der aber schon deshalb ein ehrenvoller Platz in der Küche des Bundeslandes gebührt, weil der Spargel hier erstmals in deutschen Landen systematisch angebaut wurde. Um 1667 ließ der Pfalzgraf bei Rhein in seinem Stuttgarter Lustgarten die zarten weißen Stangen für die Hoftafel anbauen. Karl Ludwig von der Pfalz (1620–1688) legte dann den Grundstock für die berühmten Spargelkulturen in und um Schwetzingen. Von dort aus verbreitete sich die neue Anbauweise über ganz Deutschland. Schwerpunkte wurden das Gebiet Hannover – Braunschweig, das Lößnitztal bei Dresden, die fruchtbare Erfurter Gegend, das Hopfenanbaugebiet in der bayerischen Holledau. Lange Zeit blieb die »Gaumenschmeichelei«, wie schon Cato vor 2000 Jahren den Spargelgenuß genannt hatte, allerdings auf die Tafeln der Reichen beschränkt – Spargel gehörte nicht gerade zum Billigsten.
Als Luxusgemüse galt der Spargel schon bei den Ägyptern, die ihn nicht nur selbst freudig verspeisten, sondern auch für Opfergaben verwendeten, die die Götter freundlich stimmen sollten.
Auch in Griechenland hatte er eine Doppelbedeutung. Er galt nicht nur als Delikatesse, sondern eignete sich auch als Amulett für die Damenwelt: Wer sich Spargelstückchen umhängte, blieb von unerwünschten Schwangerschaften verschont.
An den Anbaumethoden hat sich seither nicht viel geändert. Zwar macht der Spargel seinem lateinischen Namen (asparagus – der nicht Gesäte) keine Ehre mehr, weil er eben heute doch ausgesät und dann erst in 40 Zentimeter tiefe Gräben verpflanzt wird. Aber sonst blieb alles beim alten. Erstmals im dritten Jahr nach Anlage der Kultur kann geerntet werden. So lange dauert es, bis sich die Wurzeln hinreichend entwickelt haben – sie können bis zu fünf Meter lang werden. Aus den alljährlich austreibenden Seitenknospen wachsen die Spargelstangen heran. Sie werden vor Tau und Tag gestochen, bevor sie das Erdreich, den aufgeschütteten Damm, durchstoßen haben. Nur bei diesem Verfahren bleiben die Stangen schön weiß.

1,2 kg Bodenseefelchen
Salz, Zitronensaft
2 EL Mehl
60 g Butter oder Butterschmalz
1 Bund Petersilie
2 Zwiebeln
100 g frische Champignons
⅛ l Fleischbrühe
1 TL zerriebener Salbei
weißer Pfeffer aus der Mühle
⅛ l süße Sahne
1 Zitrone

Felchen schuppen und ausnehmen, innen und außen unter fließendem Wasser waschen und mit Küchenkrepp trockentupfen. Innen und außen salzen und mit Zitronensaft beträufeln, 10 Minuten ziehen lassen. Die Fische mit Küchenkrepp trockentupfen, in Mehl wenden und in einer Pfanne in heißer Butter oder Butterschmalz beiderseits je 6–7 Minuten goldgelb braten, dann auf einer vorgewärmten Platte warm stellen.
Petersilie fein hacken, Zwiebeln schälen und in kleine Würfel schneiden, Champignons putzen und in dünne Scheiben schneiden. Diese drei Zutaten in die Pfanne geben und unter Umrühren andünsten, dann Fleischbrühe angießen und das Gemüse weich schmoren. Mit Salz, Salbei und Pfeffer würzen, von der Brennstelle nehmen und die Sauce mit Sahne verfeinern, nochmals abschmecken. Felchen mit Sauce überzogen und mit Zitronenachteln garniert anrichten. Dazu passen Salzkartoffeln und frischer Salat.

Bodenseefelchen

Bodensee- oder Blaufelchen, »die Heringe des Bodensees«, wie ein Zoologe sie genannt hat, sind tatsächlich den Heringen ähnlich, mit ihnen aber nicht verwandt. Sie gehören zu den Coregonen, die ihrerseits aus der Lachs- und Forellenfamilie stammen. Außer den Felchen werden auch die Renken (in den oberbayerischen Seen), die Maränen (in norddeutschen Gewässern) und die fluß- und meerbewohnenden Schnäpel zu dieser Fischgruppe gezählt. Alle diese Fische gleichen einander so sehr, daß sie oft nicht einmal der Fachmann auseinanderhalten kann. Und natürlich schmecken sie auch ganz ähnlich.
»Oberkopf und Rücken zeigen auf hellblauem Grunde silbernen Glanz«, beschreibt Altmeister Brehm in seinem »Tierleben« die Blaufelchen, »die Flossen sind gelblichweiß, breit schwarz gesäumt. An Länge kann der Blaufelchen bis fünfundsiebzig Zentimeter, an Gewicht zwei bis drei Kilogramm erreichen.«
Die Felchen leben meist in den tiefsten Tiefen der kalten und sauerstoffreichen Seen. »In den Sommermonaten sind sie am besten«, heißt es im Löffler-Bechtelschen Kochbuch von 1900. »Der Fang hängt sehr vom Wetter ab, da sie sich bei schlechtem Wetter in die Tiefen der Seen begeben, in welchen sie nicht gefangen werden können.« Felchen leben hauptsächlich vom Plankton. Vor und nach ihrer Laichzeit legen sie wochenlange Hungerperioden ein. Zum Laichen kommen sie an die Seeoberfläche. Brehm: »In mondhellen Nächten, wenn viele Fische laichen, gewährt das blitzschnelle Hervorschießen der silberglänzenden Tiere ein höchst eigentümliches Schauspiel.«
Von den Blaufelchen heißt es, daß sie sechs Leben leben. Im ersten Jahr heißen sie Heuerlinge, im zweiten Stubenfische, im dritten Gangfische (die wie Heringe gesalzen und geräuchert werden), im vierten Renken, im fünften Halbfelchen und im sechsten schließlich Blaufelchen. Felchen kann man wie Forellen blau sieden, man kann sie (wie in unserem Rezept) braten, dünsten oder dämpfen – eine pikante Sauce paßt dazu und natürlich ein Schoppen Bodenseewein.

Saure Nierle

400 g Schweinenieren
1 Zwiebel
40 g Butter
Salz
weißer Pfeffer aus der Mühle
1 EL Mehl
⅛ l Fleischbrühe
1 TL Senf
1 Prise Zucker
1–2 EL Weinessig
2–3 EL saure Sahne

Nieren aufschneiden, Harn- und Muskelstränge sowie überflüssiges Fett entfernen. Die Nieren gründlich wässern oder einige Stunden in Buttermilch legen, abspülen und mit Küchenkrepp trockentupfen, quer in dünne Scheiben schneiden.
Zwiebel schälen und fein würfeln, in einer Pfanne in heißer Butter glasig braten, dann die Nieren dazugeben und 4–5 Minuten braten, dabei die Scheiben mehrfach umwenden, salzen und pfeffern. Nierenscheiben herausnehmen und warm stellen. Mehl in die Pfanne geben und durchrühren, mit der Fleischbrühe ablöschen und acht Minuten durchkochen, mit Salz, Pfeffer, Senf und Zucker würzen und kräftig mit Essig abschmecken. Die Sauce mit Sahne verfeinern. Nierenscheiben hineingeben und in der Sauce heiß werden lassen.
Dazu gibt es Spätzle und beliebigen frischen Salat oder nur eine Scheibe dunkles Brot. Man kann aber auch Bratkartoffeln oder Reis und Bohnensalat dazu reichen.

Innereien sind sowohl in der badischen wie in der schwäbischen Küche beliebt – vor allem, wenn sie, wie in unserem Fall, sauer zubereitet werden. Die sauren Nierle waren einst, ähnlich wie die saure Leber, kein ausgewachsenes Gericht, sondern eine Art Voressen für die vormittägliche Vesperzeit. Der Arbeitstag begann für Bauern wie für Handwerker schon sehr früh am Morgen, das Frühstück fiel im allgemeinen bescheiden aus. Da war eine kleine Brotzeit zwischendurch nicht nur willkommen, sondern auch notwendig – so gegen neun Uhr vormittags, woher diese Vesperzeit auch den manchenorts noch üblichen Namen »Z'nüni« hat. Das nachmittägliche Gegenstück zu der vormittäglichen Vespermahlzeit war das »Z'vieri« – in der Gestalt des Dämmerschoppens hat es sich hier und da erhalten.
Zu den sauren Nierle gab es nur ein Stück derbes Brot. Heute sind die Beigaben reichlicher, die Nierle zum Bestandteil einer Hauptmahlzeit herangewachsen.
Wer Nieren zubereitet, sollte sich an ein paar wichtige Grundregeln halten. Beim Säubern wird im allgemeinen auch anhaftendes Fett abgetrennt – es ist ausgezeichnet zum Braten und Backen geeignet. Die Nieren schneidet man auf und entfernt Röhren, Häute und Stränge, dann werden die Hälften gründlich gewässert, in Milch oder Buttermilch gelegt. Vor den weiteren Arbeitsgängen läßt man sie abtropfen und tupft sie mit Küchenkrepp trokken. Schneiden Sie die Scheiben für saure Nierle nicht zu dünn – sie werden sonst leicht hart. Gegart werden sie so kurz wie möglich und bei kräftiger Hitze. Dann erst werden sie in die Sauce getan, in der sie auf keinen Fall kochen dürfen. Gesalzen wird nach dem Braten – wenn Sie es schon vorher tun, risikieren Sie das Hartwerden der Nierenscheibchen: das Salz entzieht dem Fleisch das Wasser und trocknet es aus.

Rehrücken »Baden-Baden«

(6 Personen)

1 Rehrücken (etwa 1,5 kg)
Salz, schwarzer Pfeffer aus der Mühle
6 Wacholderbeeren
150 g Räucherspeck in hauchdünnen Scheiben
50 g Butter
1/8 l Fleischbrühe
1 EL Mehl, 1/8 l saure Sahne
Für die Beilage:
3 große, saftige Birnen
2 EL Zitronensaft, 1/4 l Wasser
1 EL Zucker, 1 Prise Zimtpulver
2 EL Preiselbeerkonfitüre
Für die Spätzle:
250 g Mehl, 1 Prise Salz
1–2 Eier, knapp 1/4 l Wasser

Rehrücken sorgfältig häuten, waschen und mit Küchenkrepp trockentupfen, mit Salz, Pfeffer und zerdrückten Wacholderbeeren einreiben und mit dünnen Speckscheiben belegen. Das Fleisch in eine Bratpfanne geben, mit zerlassener Butter begießen. Im vorgeheizten Backofen bei 250° C kurz anbraten, dann Fleischbrühe angießen und den Rehrücken bei 200 bis 220° C in 40–50 Minuten so garen, daß das Fleisch innen noch rosig ist. Zwischendurch mehrmals mit Bratenfond oder heißem Wasser begießen. Rehrücken aus der Bratpfanne nehmen und warm stellen.
Bratenfond mit etwas Wasser loskochen. Mehl hineingeben und verrühren, acht Minuten durchkochen. Die Sauce abschmecken und mit Sahne verfeinern.
Für die Beilage Birnen halbieren, vom Kernhaus befreien und schälen, in Zitronensaft und Wasser mit Zucker und Zimt bißfest dünsten, abtropfen und abkühlen lassen und mit Preiselbeerkonfitüre füllen.
Für die Spätzle die angegebenen Zutaten in einer Schüssel verrühren, mit dem Rührlöffel schlagen, bis sich der Teig von der Schüsselwand löst. Den Teig portionsweise auf ein in Wasser getauchtes Spätzlebrett streichen, davon mit einem großen Messer dünne Spätzle in leicht gesalzenes, kochendes Wasser schaben. Die Spätzle sind fertig, wenn sie an die Wasseroberfläche steigen.
Die beiden Fleischteile vom Rehrükken lösen und schräg in Scheiben schneiden, wieder auf die Knochen legen. Mit den gefüllten Birnen umlegt auf einer vorgewärmten Platte anrichten. Sauce und die abgetropften Spätzle gesondert servieren. Außerdem paßt Rotkohl ausgezeichnet dazu.

Der Rehrücken mit Birnen und Spätzle gehört zu den wenigen Gerichten der deutschen Küche, die in der internationalen Kochkunst heimisch geworden sind. Seine Zubereitung ist nicht schwierig – vorausgesetzt, Sie achten darauf, daß der Rehrücken nicht ganz durchbraten darf. Er muß inwendig noch rosa sein. Ob Sie dazu fertige Spätzle aus der Pakkung, selbst vom Brett geschabte oder mit der Spätzlemaschine hergestellte verwenden, bleibt Ihrer Entscheidung überlassen. Der Rehrücken ist etwas Besonderes für einen herausgehobenen Tag – also wären handgeschabte Spätzle schon angemessen. Dafür kann man die längere Arbeitszeit ausnahmsweise in Kauf nehmen. Überdies sind Handspätzle eben doch »saucenfreundlicher«, sie nehmen die delikate Wildsauce besser an.
Mit der Maschine geht es schneller – das wurde erst vor einiger Zeit in einem Wettbewerb in Stuttgart nachgewiesen. In zwanzig Minuten schaffte dabei der Weltmeister im Handspätzleschaben rund 5,5 Kilogramm Teig, sein Konkurrent an der Maschine dagegen 8,8 Kilogramm.

Gefüllte Kalbsbrust

1,5 kg Kalbsbrust
Salz, weißer Pfeffer aus der Mühle
1–2 EL Zitronensaft
Für die Füllung:
3–4 altbackene Semmeln
¼ l Milch, 30 g Butterschmalz
1 Zwiebel, 1–2 Eier
2 EL gehackte Kräuter (Petersilie, Schnittlauch, Kerbel, Majoran)
Salz, weißer Pfeffer aus der Mühle
1 Prise geriebene Muskatnuß
Zum Braten und für die Sauce:
50 g Butter, 1 Zwiebel, 1 Mohrrübe, ¼ l Fleischbrühe
2 TL Speisestärke, ⅛ l saure Sahne, ½ Bund Petersilie

Vom Fleischer die Kalbsbrust entbeinen und eine Tasche hineinschneiden lassen. Das Fleisch waschen, mit Küchenkrepp trockentupfen, innen und außen salzen und pfeffern und mit Zitronensaft einreiben.
Für die Füllung Semmeln in heißer Milch einweichen und ausdrücken. Butterschmalz in einem Topf erhitzen, die geschälte und feingewürfelte Zwiebel darin glasig dünsten. Die Semmelmasse dazugeben und bei schwacher Hitze so lange rühren, bis sich die Masse vom Topfboden löst. Etwas abkühlen lassen, dann das Ei (die Eier) und die gehackten Kräuter hineinrühren, mit Salz, Pfeffer und Muskat würzen. Kalbsbrust mit der Masse füllen und mit Küchengarn zunähen. Die Kalbsbrust in einer Bratpfanne in heißer Butter anbraten. Zwiebel schälen, Mohrrübe putzen, beides in Scheiben schneiden und ebenfalls kurz anbraten, dann Fleischbrühe angießen und die Kalbsbrust im Backofen in 100–120 Minuten bei 200° C gar braten, zwischendurch mit Bratenfond oder heißem Wasser begießen.
Die fertige Kalbsbrust herausnehmen und warm stellen. Bratenfond loskochen und durch ein Sieb geben. Mit kalt angerührter Speisestärke binden, mit Sahne verfeinern und abschmecken. Gehackte Petersilie hineingeben.
Die Sauce gesondert zu der in Scheiben geschnittenen Kalbsbrust reichen. Dazu gibt es Kopf- oder Kartoffelsalat, zusätzlich nach Belieben auch Bandnudeln oder Spätzle.

Gefüllte Kalbsbrust gibt es in mehreren deutschen Küchenregionen, die Rezepte unterscheiden sich lediglich durch Abwandlungen in der Zusammensetzung der Füllung. Das Fleisch selber spielt dabei vor allem die Rolle, die Füllung zusammenzuhalten. Es gehört schon wegen seines Knorpelreichtums nicht zu den größten Delikatessen. Die Beliebtheit der Kalbsbrust ist vor allem darauf zurückzuführen, daß die Füllung das teure Fleisch etwas streckt.
Variationen für die Füllung aus einem alten schwäbischen Kochbuch:
1. Vier abgeriebene Milchbrote in feine Scheiben schneiden und mit etwa ¾ l Milch leicht anbrühen. Gehackte Zwiebeln dämpfen, etwa 100 g Butter leicht rühren, dazu die Zwiebeln, das Brot, gehackte Petersilie, Pfeffer, Salz, Muskatnuß sowie sechs Eier geben.
2. Von vier Semmeln die Rinde abschneiden, einweichen, ausdrücken und mit Zwiebeln abdämpfen. Ist dies halb erkaltet, rührt man sechs Eier dazu, sowie Petersilie, Muskatnuß, Pfeffer und Salz. Etwas feingehackten Braten, Leber oder Schinken kann man auch in die Fülle geben.

Für den Teig:
350 g Mehl, 3 Eier
3–4 EL Wasser, Salz

Für die Füllung:
200 g gedünsteter Spinat
250 g Schweinehackfleisch oder Bratwurstfülle
65 g Räucherspeck
1 Zwiebel, 2 Eier
2–3 EL Semmelmehl
Salz, weißer Pfeffer aus der Mühle
1 Prise geriebene Muskatnuß
2–3 EL gehackte Petersilie oder Kerbel

gut 1 l heiße, gewürzte Fleischbrühe

Aus den Teigzutaten einen festen Nudelteig kneten, zum Ballen formen und 30 Minuten zugedeckt ruhen lassen. Für die Füllung den im Mixer pürierten oder durch den Fleischwolf gedrehten Spinat mit Hackfleisch, sehr fein gewürfeltem Räucherspeck, geschälter und gewürfelter Zwiebel, Eiern und Semmelmehl mischen, mit Salz, Pfeffer und Muskat würzen, Petersilie oder Kerbel einarbeiten.
Nudelteig dünn und rechteckig ausrollen, etwa 7×7 cm große Quadrate markieren. Die Quadrate der einen Teighälfte mit Füllung belegen. Die zweite Teighälfte darüberklappen. Mit dem Teigrädchen quadratische Teigtaschen ausrädeln, in leicht kochender Fleischbrühe gar ziehen lassen.
Die Maultaschen in der Brühe oder zum Kartoffelsalat reichen. In Schwaben ißt man sie traditionsgemäß zuerst in der einen, anschließend in der zweiten Fassung.

Schwäbische Maultaschen

Vorwitzige Kochkunsthistoriker haben versucht, die Maultaschen von den italienischen Ravioli oder den russischen Wareniki (nicht den Piroggen, die ja gebacken werden) abzuleiten. Als ob den Schwaben selbst nichts Gescheites einfallen würde! Es mag ja sein, daß sich gewisse Verwandtschaften konstruieren lassen, etwa mit Rußland, das einst viele schwäbische Auswanderer aufnahm. Aber das spräche ja eher dafür, daß die russischen Wareniki von den schwäbischen Maultaschen abstammen – und nicht umgekehrt. Auf alle Fälle sind die Maultaschen ein durchaus eigenständiges Gericht. Es heißt, sie seien von Mönchen erfunden worden, die während der Fastenzeit herzhaft essen wollten und deshalb in die Spinatfülle der Maultaschen Fleisch hineinschmuggelten, das ja niemand von außen erkannte. Aber auch das halte ich für ein Gerücht.
Die beste Beschreibung der Maultaschen stammt von dem »Oberschwaben« Thaddäus Troll, der leicht grantelnd folgende Definition zu Papier brachte: »In einem unliebenswürdigen Gewand verbirgt sich ein delikater Kern. Sie schmecken hehlings gut. Außen pfui und innen hui, überspitzt ausgedrückt. Zunächst künden die Maultaschen des Schwaben Vorliebe für Gebilde aus Mehl, für Papp, wie sich Nichtschwaben herabsetzend ausdrücken, was auf schwäbisch onomatopoetischer Babb hieße. Eine leichenfarbene Hülle aus Nudelteig entsagt jedem optischen Reiz und wirkt appetitzügelnd. Aber wie köstlich ist die reiche Fülle aus Bratwurstbrät, Schinken, Fleisch, Speck, Spinat, Zwiebeln, Eiern, Petersilie, Muskat und Majoran! Jede Hausfrau hat dafür ihr Spezialrezept. Diese Maultaschen schwimmen wie Wasserleichen in Fleischbrühe. Oder sie werden, mit Eiern überzogen, im Ofen gebacken. Oder mit braunen Zwiebeln überschmälzt als blasse Wesen einem Kartoffelsalat beigelegt.«
Maultaschen sind das Feinste, was die schwäbische Küche zu bieten hat. Und das sagen keineswegs nur die Schwaben. Mehr und mehr freunden sich auch Nordlichter mit den Maultaschen an. Sie haben es verdient, die Maultaschen.

500 g Rindfleisch (Hochrippe)
3 Rinderknochen
1 Markknochen
1 Bund Suppengrün
2 Zwiebeln
3 Gewürznelken
1 Lorbeerblatt
1½ l Wasser, Salz
weißer Pfeffer aus der Mühle
400 g Kartoffeln
250 g gare Spätzle
1 Prise geriebene Muskatnuß
1 Zwiebel
2 EL Butter
½ Bund Schnittlauch

Fleisch und Knochen abspülen. Suppengrün schneiden. Zwiebeln schälen und halbieren, eine Hälfte mit Nelken und halbiertem Lorbeerblatt bestekken. Fleisch mit Knochen, Suppengrün und Zwiebeln in das zum Kochen gebrachte, leicht gesalzene Wasser geben, 80–90 Minuten bei schwacher Hitze kochen. Fleisch herausnehmen und etwas abkühlen lassen, in Würfel schneiden, pfeffern.
Brühe durchsieben, die geschälten und in große Würfel geschnittenen Kartoffeln darin in 20 Minuten garen. Spätzle nach Vorschrift bereiten (siehe Rezept Seite 118) und abtropfen lassen.
Fleisch in der Brühe mit Kartoffeln und Spätzle mischen, mit Salz, Pfeffer und Muskat würzen. Zwiebel schälen und würfeln, in einer Pfanne in heißer Butter goldgelb braten, mit dem Fett über den Eintopf geben. Zuletzt gehackten Schnittlauch aufstreuen.

Gaisburger Marsch

Gaisburger Marsch ist ein berühmter Eintopf, bestehend aus Kartoffeln, Spätzle, Rindfleisch und Fleischbrühe. Für die Entstehung dieser schwäbischen Spezialität gibt es zwei Versionen. Sie stammen beide aus dem Stuttgarter Stadtteil Gaisburg.
Die erste Version spielt in Kriegszeiten. Mehrere Gaisburger Männer hatten dabei das Pech, dem Feind als Gefangene in die Hände zu fallen. Großzügig wurde den Frauen erlaubt, ihren Männern etwas Eßbares zu bringen. Um diese Genehmigung nicht ins Uferlose ausarten zu lassen, war pro Mann bzw. Frau jedoch nur eine Schüssel erlaubt. Die Frauen taten sich daraufhin zusammen und kochten einen Eintopf, in den sie alles hineintaten, was gut schmeckte und dazu beitragen konnte, die Männer bei Kräften zu halten. Mit den gefüllten Schüsseln marschierten sie nach Gaisburg in das Gefangenenlager. Die Männer waren sehr zufrieden mit dem »Gaisburger Marsch«, und wenn sie nicht gestorben sind, so leben sie heute noch.
Die zweite Version klingt bedeutend friedlicher. Die in der Stuttgarter Berg-Kaserne untergebrachten Offiziersanwärter, sogenannte Einjährig-Freiwillige mit mittlerer Reife, bekamen hin und wieder die Erlaubnis, außerhalb der Kaserne zu essen. Allzu teuer durfte das Essen freilich nicht sein. Die richtige Mischung, einen Eintopf, gab es in Gaisburg in der Gaststätte Bäckerschmiede. Dorthin setzten sich die Einjährigen also in Bewegung. Ihr Gaisburger Marsch, so heißt es, ging später auf das Gericht, den Eintopf, über und heißt heute noch so. Und wenn es nicht stimmt, ist es wenigstens gut erfunden.
Die Bäckerschmiede gibt es übrigens in Gaisburg nicht mehr. Sie wurde 1978 geschlossen. Gaisburger Marsch kann man jedoch auch heute noch in vielen Gaststätten bestellen – nicht immer so reichhaltig, wie der Eintopf zur Zeit der kaiserlichen Einjährig-Freiwilligen einmal gewesen sein mag. Deshalb schmeckt das durchaus nicht anspruchslose Gericht am besten, wenn man es in der eigenen Küche zubereitet.

Ofenschlupfer

6 altbackene Semmeln
3/8 l Milch
80 g Zucker
1 Päckchen Vanillezucker
400 g Äpfel
100 g Rosinen
100 g gemahlene Mandeln
1 EL Butter für die Form

Für den Guß:
4 Eier
1/8 l Milch
40 g Zucker
1/2 TL gemahlener Zimt
abgeriebene Schale einer Zitrone

Semmeln in dünne Scheiben schneiden, in eine Schüssel geben. Milch mit der Hälfte des Zuckers und dem Vanillezucker erhitzen und über die Semmeln gießen.
Äpfel vierteln, schälen, vom Kernhaus befreien und in dünne Scheiben schneiden, mit dem restlichen Zucker, den überbrühten und abgetropften Rosinen und den Mandeln mischen. Eine ofenfeste Form buttern. Semmeln und Apfelmischung abwechselnd lagenweise hineingeben, mit einer Semmelschicht abschließen. Für den Guß Eier in einem Topf mit Milch, Zucker, Zimt und Zitronenschale verquirlen, über den Ofenschlupfer gießen. Die Form in den vorgeheizten Ofen schieben und den Ofenschlupfer 50 Minuten bei 200° C backen. In der Form auftragen. Dazu paßt eine kühle Frucht- oder auch Vanillesauce.

Das ist eine Art Semmelauflauf, dessen »feine« Zutaten man je nach Anlaß, Geldbeutel und Geschmack variieren kann. Die Bezeichnung rührt von der Herstellungstechnik her – der Ofenschlupfer wird im Backofen gebacken. Er soll so heiß wie möglich auf den Tisch kommen. Unser Rezept schreibt als Hauptzutat Äpfel vor – in Schwaben gibt es genug davon. Die meisten werden allerdings zu Most (»Mooscht«) gekeltert, einem wichtigen Bestandteil des schwäbischen Vespers. Es gibt aber auch andere Möglichkeiten. Hier ein Rezept aus dem Kochbuch von Löffler-Bechtel, das die Autoren und der Verlag einst Seiner Majestät König Wilhelm II. von Württemberg »in tiefster Ehrfurcht« widmeten. Die Backvorschrift wird übrigens in diesem Buch »Scheiterbeuge« genannt, Ofenschlupfer steht nur als Zweitbezeichnung dabei. So wird der Auflauf gemacht:
»5–6 Milchbrote oder Semmeln werden, nachdem die Rinde abgeschält, in dünne Scheiben geschnitten und diese in einer mit ziemlich Butter ausgestrichenen Auflaufform, niederen Kasserolle oder Bratgeschirr aufeinander gelegt und einige Hände voll Rosinen dazwischen gestreut. 10 ganze Eier werden mit 80 Gramm Zucker, 2 Liter süßer, kalter Milch, etwas gestoßenem Zimt gut untereinandergerührt und über die Schnitten gegossen, etwas gehackte Mandeln und Rosinen darübergestreut, sowie einige Stückchen Butter und in heißem Ofen etwa 1/2 Stunde gebacken. Zum Servieren sticht man die Scheiterbeuge aus oder serviert sie in der Auflaufform, eine Vanillesauce gibt man extra dazu.«
Ofenschlupfer eignet sich als Dessert, kann aber auch in Verbindung mit einer leichten Suppe oder einem Vorwegsalat den Speisezettel einer ganzen Mahlzeit füllen.

4 Eier
500 g Puderzucker
1 EL Rum
1 Prise Hirschhornsalz
abgeriebene Schale einer Zitrone
1 Prise Salz
500 g Mehl
1 EL Butter für das Backblech
1 EL Anissamen

Eier mit Zucker schaumig rühren. In Rum aufgelöstes Hirschhornsalz, Zitronenschale und Salz dazugeben, das Mehl unterrühren. Den Teig gut durchkneten, drei Stunden zugedeckt im Kühlschrank ruhen lassen.
Den Teig auf einer bemehlten Arbeitsfläche bleistiftdick ausrollen. Den bemehlten Holzmodel darauflegen und fest andrücken. So fortfahren, bis die ganze Teigfläche »bedruckt« ist. Teig rings um die Modelflächen abschneiden oder -rädeln, auf das gebutterte, mit Anis bestreute Backblech setzen. Mit einem Küchentuch bedeckt 12 Stunden kühl ruhen lassen.
Die Springerle 30 Minuten im vorgeheizten Ofen bei 160° C backen. Sie müssen weiß bleiben und gleichmäßig hoch werden. Blech mit Alufolie abdecken, wenn die Springerle zu bräunen beginnen sollten.
Die Springerle 3–4 Wochen in einer verschlossenen Dose lagern, bevor sie verwendet werden – dann sind sie erst so richtig mürbe.

Springerle

Fachgerecht und präzise gebackene Springerle sind der Stolz der schwäbischen Hausfrau. Schon lange vor Weihnachten wird mit dem Backen begonnen – die Springerle brauchen einige Wochen, um weich zu werden.
Die Backtechnik setzt einschlägige Erfahrungen voraus. Vor allem benötigt man Springerlesmodel aus Holz, um die Oberfläche des Gebäcks zu formen. In vielen Familien gibt es noch solche Formen, die von Generation zu Generation vererbt werden. In manchem schwäbischen Dorf tun sich auch heute noch die Hausfrauen zu »Springerles-Backabenden« zusammen und verraten dabei auch den Mitbäckerinnen ihre Springerlestricks.
Springerle waren einst der einzige Christbaumschmuck, gebacken nicht nur in den heute üblichen kleinen Modeln, sondern auch handtellergroß und größer. Damals war es allgemein üblich, die Figuren mit Konditorfarbe bunt anzumalen.
Die modellierten und ausgeschnittenen Plätzchen müssen über Nacht trocknen, damit sie gut geraten. Erfahrene Bäckerinnen bestreichen die Unterseiten (und nur sie) vorsichtig mit Wasser. Die Springerle werden dann besser – sie müssen beim Backen fast auf doppelte Höhe aufgehen, oben weißlich bleiben und ein »Füßchen« bekommen. Die Oberfläche ist über Nacht getrocknet – auf dieser Seite kann der Teig also nicht aufgehen, und er soll es auch nicht tun, damit die Bildform erhalten bleibt. Unten ist dagegen Platz zum Aufgehen – so bildet sich der Füßchensockel. Von dem Aufgehen haben die Springerle vermutlich ihren Namen. In alten Kochbüchern werden sie übrigens Sprengerlen genannt. Noch zwei Tricks aus der Springerleerfahrung: Bürsten Sie nach dem Backen das Mehl von der Oberfläche ab. Und geben Sie den auf dem Backblech zurückbleibenden Anis in die Dose, in der die Plätzchen aufbewahrt werden. Sie nehmen den Anisduft an.

Altbayern und Franken

Die bayerische Küchenlandschaft ist überaus vielgestaltig. »Zuag'roaste« orientieren sich an der Donau, dem »Weißwurstäquator«. Südlich davon gilt die Weißwurst, nördlich davon die Rostbratwurst als Brotzeitschmankerl. Aber die Grenzen haben sich längst verwischt. Nur die drei fränkischen Regierungsbezirke haben sich noch eine gewisse Eigenständigkeit bewahrt, außerdem entwickelte sich in Bayerisch-Schwaben eine Kochkunst, die sich sowohl von der württembergisch-schwäbischen als auch von der oberbayerischen abhebt. Mit den altbayerischen Bezirken Ober- und Niederbayern verwandt ist dagegen die oberpfälzische Kochkunst, die aus Strukturgründen nicht gerade zu den reichsten gehört – früher wurde die Oberpfalz deshalb »Steinpfalz« genannt.
Für Altbayern typisch sind Begriffe wie Brotzeit und Schmankerl. Zum ersten Begriff erläuterte Siegfried Sommer, intimer Kenner altbayerischer Küchen- und Eßbräuche: »Die Brotzeit ist nach altbayerischer Meinung nicht nur die schönste, sondern vor allem auch eine Zeit, zu der man sich unbedingt Zeit nehmen soll.« Und zum Schmankerl: »Ein Fleißbillettl für den Gaumen. Oder anders gesagt: ein Mittelding zwischen Magentratzerl und Leibspeise. Also zum Hungrigbleiben zuviel und zum Sattwerden zuwenig. Nach dem Genuß eines Schmankerls muß man ein Gefühl haben, als hätte einem der eigene Magen auf die Schulter geklopft und ›brav, brav, brav‹ gesagt.«
Was also ist ein Schmankerl? In diese Kategorie gehören die berühmte Weißwurst, 1857 in München erfunden, ferner der Leberkäs, ein im Ofen gebackener Fleischkuchen, der weder Leber enthalten muß noch mit Käse etwas zu tun hat – die Bezeichnung stammt wohl von »Laiberkäs« ab und deutet auf die Laibform hin. Zur Brotzeit gehören aber auch der bayerische Radi (Rettich) und eine Portion herzhafter Käse, beispielsweise Romadur oder Weißlacker. Außerdem gibt es eine ganze Reihe kleiner Gerichte, die einst als »Voressen« eine Rolle spielten: Lüngerl, Leberl, Bries, Hirn, Züngerl, Herzerl und mancherlei andere, meist säuerlich angerichtet.
Gemüse spielt in Altbayern keine große Rolle, bestenfalls das Kraut wird noch akzeptiert. Beliebteste Zuspeise sind immer noch die Knödel unterschiedlicher Machart, serviert zu allen Fleischspeisen mit Sauce (an der Spitze der Schweinsbraten), aber in der Form von Semmelknödeln auch zu den Schwammerln. Mancherlei Süßwasserfische gibt es in Flüssen und Seen, etwa Waller aus der Donau und Huchen aus der Isar, Bachforellen aus der Wertach und Renken aus dem Starnberger See.
Daß zu Altbayern das bayerische Bier gehört, braucht nicht besonders betont zu werden. Die älteste der sieben großen Münchner Brauereien wurde 1328 gegründet. 350 Jahre früher brauten schon die Benediktinermönche von Weihenstephan ihr süffiges Bier. Abgesehen davon ist München die westdeutsche Großstadt mit dem höchsten Weinverbrauch pro Kopf der Bevölkerung.
Das Bier hat auch in Franken eine uralte Tradition. Über die Grenzen des Landes hinaus ist das Kulmbacher bekannt – als lokale Spezialität gilt das Bamberger Rauchbier. Im übrigen schwören die Franken (und nicht nur sie) auf den erdigen, in der Bocksbeutelflasche kredenzten Frankenwein, den Tucholsky begeistert feierte und ohne

den Goethe sehr »verdrießlich« war. Fränkische Spezialität sind die Rostbratwürstchen, kleinfingergroß und meist im halben Dutzend auf Sauerkraut serviert. Sie gibt es freilich längst auch in allen anderen bayerischen Regionen. Der Ochsenmaulsalat und der unter Verwendung von gekochtem Ochsenmaul zubereitete Salat namens »Gwerch« blieben dagegen auf Franken beschränkt.
Unter den Fischen steht in Franken der Karpfen obenan. Die fränkischen Karpfenteiche liefern einen großen Teil des bundesdeutschen Bedarfs. Schon im ältesten deutschen Kochbuch, dem aus dem Jahre 1340 stammenden »Buch von guter Speise«, ist ein Kochsud für Karpfen vermerkt. Das Rezept steht in einer alten Würzburger Pergamenthandschrift. Meist bevorzugt der fränkische Feinschmecker den »neuen« Karpfen jedoch gespalten (halbiert), in Bier und Mehl gewendet und in viel heißem Fett gebacken.
Unübersehbar groß ist die Zahl der »Kniedla« und »Kließla« auch in Franken. Zu den aus Grieß und Eiern bereiteten Schwemmkniedla gibt es die »Päiterla«, zu deutsch Petersilie, in Form von suppigem Gemüse. Die Nürnberger müssen sich deshalb den Spitznamen »Päiterlasboum« gefallen lassen, was in der Übersetzung als »Petersilienbuben« lange nicht so gut klingt.
Der internationale Ruf der fränkischen Küchenkünste beruht indessen nicht in erster Linie auf Rostbratwürstchen, Klößen und Karpfen, er wurde begründet von den Erzeugnissen der Lebkuchenbäckerei. Die berühmten Nürnberger Lebkuchen dürften in einem Kloster erfunden worden sein. Später ging die Kunst der Lebzelterei auf die Lebküchnerzunft über, die sich von der »gewöhnlichen« Bäckerinnung abspaltete. Um 1650 hatten nur zwölf Lebküchner die Erlaubnis, das leckere Weihnachtsgebäck herzustellen. Ein zeitgenössischer Chronist notierte:
»Von Nürnberg sind die besten Lebkuchen, wegen des Wassers und der Luft allda, denn man solche an keinem andern Ort so gut machen kann.«
Wahrscheinlich lag es nicht am Wasser und an der Luft allein – rund um Nürnberg gab es riesige Wälder mit reicher Honigausbeute, später Zuckerfabriken. Außerdem war Nürnberg schon im Mittelalter einer der großen Gewürzumschlagplätze.

Leberknödelsuppe

4 altbackene Semmeln
6 EL Milch
250 g Rinderleber
60 g Nierenfett oder Speck
2 Zwiebeln
2 Eier
Salz
weißer Pfeffer aus der Mühle
1 Prise zerriebener Majoran
abgeriebene Schale ½ Zitrone
1¼ l gewürzte Fleischbrühe
½ Bund Schnittlauch

Semmeln in Milch einweichen und gut ausdrücken, mit Leber, Nierenfett oder Speck und grob geschnittenen Zwiebeln durch den Fleischwolf (feinste Scheibe) drehen. Die Masse mit den Eiern zu einem nicht zu lockeren Knödelteig verarbeiten (bei Bedarf noch etwas Semmelmehl dazugeben), mit Salz, Pfeffer, Majoran und Zitronenschale würzen.
Kleine Knödel mit etwa 5 cm Durchmesser formen, etwa 10 Minuten in der kochenden Fleischbrühe garen. Vor dem Servieren geschnittenen Schnittlauch aufstreuen.

Wenn überhaupt ein bayerisches Suppengericht die Bezeichnung »Nationalsuppe Bayerns« verdient, dann dieses. Es heißt, daß ein Bayer, der von einem längeren Aufenthalt »in der Fremde« zurückkommt, sich erst dann wieder richtig zu Hause fühlt, wenn er den ersten Teller Leberknödelsuppe vor sich stehen hat.
Wer die delikaten Knödel aus Semmeln, geschabter Rinderleber und Gewürzen erfunden hat, steht nicht fest. Karl-Ludwig Opitz erzählt in seiner »Deutschen Küchenfibel« die Story von König Heinrich IV., der Anno 1077 auf dem Rückweg von Canossa, wo er sich dem Papst zu Füßen geworfen hatte, in einem Augsburger Kloster einkehrte und dort zu speisen wünschte. Da dem Küchenpater die Vorräte ausgegangen waren, streckte er die vom letzten Schlachtfest übriggebliebene Leber mit einigen Semmeln und formte Knödel daraus, die in goldfarbener Fleischbrühe gekocht wurden.
Ob das so stimmt, werden wir nie herausfinden. Fest steht jedoch, daß die Leberknödel ein schon sehr altes Leibgericht der Bayern sind. Die Leberknödelsuppe gab es sogar auf Hochzeiten, angereichert mit ein paar mitgekochten Würstchen und deshalb besonders nahrhaft. Als größter Leberknödelesser aller Zeiten gilt der Münchner Dienstmann Johann Keßler, der um die Jahrhundertwende innerhalb von drei Stunden 100 Leberknödel schaffte. Ein andermal verzehrte er 52 »gut gerundete Stücke« in 57 Minuten, war aber mit dieser Leistung gar nicht zufrieden – er fühlte sich unpäßlich.
Leberknödel sind nicht nur eine Suppeneinlage, man kann sie auch, meist in etwas größerem Format, zu Sauerkraut oder Salat essen. Früher wurden sie durch die Beigabe von etwas geschabter Milz oder von kleinen Speckwürfeln nahrhafter gemacht, was einen französischen Kritiker zu der Behauptung veranlaßte: »Die Münchner verzehren schon als Vorgericht gar schröckliche Mengen von runden Teigkugeln mit Leber und Speck vermengt. Zum Hauptessen schmausen sie große Stücke geschwärztes Schweinefleisch mit ordinärem Feldkraut und trinken dazu ein rauschiges finsteres Gebräu aus Steintöpfen, die sie auch zum Raufhändel verwenden.«

Blaue Zipfel

3–4 große Zwiebeln
2 EL Schweineschmalz
3 EL Weinessig
½ TL Salz
1 TL Pfefferkörner
½ TL Senfkörner
2 Lorbeerblätter
gut ½ l Fleischbrühe
500 g frische fränkische Rostbratwürste

Zwiebeln schälen, in Ringe schneiden und in einem Topf in heißem Schmalz glasig dünsten. Essig, Salz, Pfeffer- und Senfkörner und Lorbeerblätter dazugeben, Fleischbrühe angießen und 12–15 Minuten bei schwacher Hitze ziehen lassen. Die Würste hineingeben und 8–10 Minuten köcheln.
Die blauen Zipfel im Kochsud servieren. Dazu gibt es kräftiges Bauernbrot.

Die kleinfingergroßen Nürnberger Bratwürstchen kann man nicht nur grillen oder in der Pfanne braten, sondern auch in Essigsud kochen. Sie heißen dann blaue oder auch saure Zipfel und spielen eine besondere Rolle im Fasching als Spätimbiß nach ausgiebigem Feiern – aber keineswegs nur dann. Blaue Zipfel schmecken das ganze Jahr über.
Damit sind übrigens die Verarbeitungsmöglichkeiten für Schweinsbratwürste noch keineswegs erschöpft. Schon das erste gedruckte Nürnberger Kochbuch aus dem Jahre 1691 schlug sechs Zubereitungsarten vor. Am einfachsten ist die Verpackung der heißen Bratwürste in eine längliche Semmel, in Nürnberg Kipf genannt. Die Semmel wird der Länge nach auf-, aber nicht ganz durchgeschnitten. Dann legt man zwei bis drei Würstchen hinein, die mit Senf bestrichen werden. Nürnberger Fachausdrücke dafür: »Eingewickelte«, »Eingezwickte« oder »Zwaa (oder Drei) in aan Weckla«.
Sie können aber auch die Bratwurstfülle herausdrücken, kräftig nachwürzen und mit Zwiebelwürfeln als Brotaufstrich verwenden. So etwas heißt in Nürnberg »Nackedei«. Aus kalten gebratenen Würsten kann man aber auch einen Salat mixen – Zwiebeln, Tomaten und eine Essig-Öl-Marinade gehören dazu. Wenn Ihnen in Nürnberg »Bauernseufzer« angeboten werden, haben Sie es mit geräucherten Bratwürsten zu tun.
Die geringe Größe der Bratwürstchen, von denen man mindestens sechs Stück auf Sauerkraut oder mit Kren (Meerrettich) aus dem benachbarten Baiersdorf zu verspeisen pflegt, hat zahlreiche Witzeleien zur Folge gehabt. So heißt es, der Wirt schiebe verspätet anklopfenden Gästen die Würstchen einfach durchs Schlüsselloch. Auch geht die Sage, einem Wirt sei einmal ein Würstchen ins Auge geflogen, er habe es aber gar nicht bemerkt – erst dem Doktor fiel der Fremdkörper auf. Nürnberger Würstchenfans verspeisen alljährlich pro Kopf im Durchschnitt 2300 Würstel – das hat einer der Wirte eines Bratwurstherzls, -glöckls oder -rösles ausgerechnet. Berühmt ist die Geschichte von dem Ratsherrn Hans Stromer, der 1554 lebenslang eingekerkert wurde und täglich seine Würstchen verlangte. In 38 Jahren Haft brachte er es auf rund 28000 Stück.

Nürnberger Gwerch

200 g gekochtes Ochsenmaul
200 g Kochwurst (Stadtwurst)
150 g weißer Preßsack
150 g schwarzer Preßsack
2–4 hartgekochte Eier
2 Zwiebeln
4 EL Weinessig
3 EL Öl
1 Prise Zucker
Salz
weißer Pfeffer aus der Mühle

Ochsenmaul, Wurst und Preßsack in feine Streifen schneiden. Eier schälen und achteln. Zwiebeln schälen und fein würfeln, mit Essig, Öl, Zucker, Salz und Pfeffer vermengen und den Salat damit anmachen. Mehrere Stunden gut durchziehen lassen. Dazu gibt es Schwarzbrot oder auch getoastetes Weißbrot und Butter.

Ein Gwerch oder Gwärch ist in Nürnberg ein Durcheinander, abgeleitet wohl von »Gewürge«. Es gibt verschiedene Möglichkeiten, einen Gwerch auf den Tisch zu bringen – eine davon ist ein angemachter Limburger Käse. Im allgemeinen versteht der Nürnberger jedoch eine Art Wurstsalat darunter, gemischt aus gekochtem Ochsenmaul mit Stadtwurst, Preßsack und gekochten Eiern (letztere können, je nach Belieben, auch wegbleiben).

Ochsenmaul gibt es bei Nürnberger Metzgern küchenfertig, also gekocht, zu kaufen. Das sulzige Fleisch braucht nur noch geschnitten zu werden, am besten leicht angefroren mit dem Universalschneider (dann werden die Streifen am dünnsten). Außerhalb Frankens kann man, wenn der Metzger nicht mitspielt, fertig angemachten Ochsenmaulsalat kaufen, der sich ebenfalls als Gwerchgrundlage eignet – in diesem Fall sollten Sie mit der Essigzugabe vorsichtig sein.

In alten Kochbüchern aus Nordbayern finden sich nicht nur der Maulsalat und der Gwerch, sondern noch mancherlei andere Verwendungsmöglichkeiten für das Ochsenmaul, meist Ochsengaumen, Rindsgaumen oder Vormaul genannt. So schlägt Katharina Prato in ihrer berühmten »Süddeutschen Küche« aus dem Jahre 1898 (damals erschien schon die 27. Auflage) Ochsenmaul in einer heißen Limonensauce vor, gereicht zu Essiggurken und Kartoffelpüree. Andere Rezepte: »Man schneidet es (das Ochsenmaul) dünnblätterig, gibt es in kräftige lichtbraune Sauce mit Limonensaft und gedünsteten Schalotten und garniert es mit Butterkrapfeln, Erdäpfelbögen, Nudeln oder dgl. Oder: Man schneidet das Fleisch zu länglichen Bröckeln, gibt es in gelbliche Sauce und würzt diese mit Sardellenbutter, Pfeffer und Limonensaft.« Am originellsten ist Frau Pratos, die eigentlich Katharina Edle von Scheiger hieß, gesulzter Ochsenkopf, auch als ungarisches Rebhuhn bezeichnet. Dabei handelt es sich um eine Sülze aus Ochsenmaul, Ochsen- und Schweinsfüßen, gewürzt mit Thymian, Pfeffer, Kapern und Sardellen.

Krautwickel

1 mittelgroßer Kopf Weißkohl
Salz
400 g gemischtes Hackfleisch
1 altbackene Semmel
1 Ei
1 große Zwiebel
80 g fetter Räucherspeck
Salz
weißer Pfeffer aus der Mühle
1 TL zerriebener Majoran oder Thymian
60 g Schweineschmalz
gut ¼ l Fleischbrühe
2 EL Tomatenmark
1 TL Speisestärke
½ Becher saure Sahne

Äußere Blätter vom Kohlkopf ablösen. Weißkohl in leicht gesalzenes, kochendes Wasser geben und 12–15 Minuten kochen, dann herausnehmen, abtropfen und abkühlen lassen. Die großen Blätter ablösen, jeweils drei bis vier aufeinanderlegen.
Für die Füllung Hackfleisch mit der in wenig Wasser eingeweichten und ausgedrückten Semmel und dem Ei vermengen. Zwiebel schälen und fein würfeln, Speck ebenfalls würfeln. Beides in einer Pfanne glasig braten, abkühlen lassen und mit dem Fleischteig vermengen, mit Salz, Pfeffer und Majoran oder Thymian würzen.
Kohlblätter mit Fleischteig belegen, zusammenrollen und mit Rouladenklammern oder Küchengarn zusammenhalten.
Die Krautwickel in einer Pfanne in heißem Schweineschmalz ringsherum kräftig anbraten. Fleischbrühe angießen und die Krautwickel 30 bis 40 Minuten schmoren, auf einer vorgewärmten Platte anrichten. Brühe mit Tomatenmark aufkochen, mit kalt angerührter Speisestärke binden und mit Sahne verfeinern. Die Sauce abschmecken und über die Krautwickel gießen.

Die Krautwickel oder Krautwickerl, in nördlichen Gefilden Kohlrouladen genannt, gehören längst zum Standardprogramm der allgemeinen deutschen Küche, sind aber in Bayern besonders beliebt. Dabei muß angemerkt werden, daß Gemüse in der altbayerischen Küche keine große Rolle spielte, von der Kartoffel ganz zu schweigen. Das Kraut in allen Variationen bildet da seit jeher eine Ausnahme.
Wer die Krautwickel erfunden hat, ist von Küchenhistorikern noch nicht ergründet worden. Am ehesten könnte man sich vorstellen, daß Kreuzfahrer das Urrezept in deutsche Lande mitbrachten. Denn gefüllte Gemüse in allen Spielarten scheint es zuerst in der kleinasiatischen Küche gegeben zu haben. Von dort breitete sich diese Mode über alle einst türkisch beeinflußten oder besetzten Länder aus.
Krautwickel dürfen nicht bleich und langweilig auf dem Teller liegen, sie schmecken am besten, wenn die Krauthülle kräftig braun angebraten ist. Dann ist auch der Inhalt gut durchgeschmort. Wie er beschaffen sein soll, ist in vielen Familien überliefertes Küchengeheimnis. Immer gehört Hackfleisch hinein, mit mehr oder weniger großen Mengen von altbackenen Semmeln aufgelockert. Angebratener Speck macht das Fleisch schmackhafter, Eier halten den Hackteig zusammen.
Aber bei den Gewürzen scheiden sich die Geister. Nur Pfeffer und Salz? Oder auch Paprika, Majoran, Thymian, Muskat, vielleicht sogar Kapern? Übereinstimmung herrscht nur bei der begleitenden Tomatensauce, die schön sämig ausfallen soll und einen leicht säuerlichen Kontrast zum gefüllten Kraut bilden muß.
Für Krautwickel wird nicht der ganze Krautkopf gebraucht. Den Rest könnten Sie am nächsten Tag zu einem Krautsalat verarbeiten. In Bayern wird das halbweich gekochte und feinnudelig geschnittene Kraut mit angebratenen Zwiebel- und Speckwürfeln vermischt und vorsichtig mit Essig und Salz abgeschmeckt.

Fränkischer Krautbraten

1 mittelgroßer Kopf Weißkohl
Salz
1 Zwiebel
1 TL gehackter Kümmel
60 g Schweineschmalz
20 g Butter für die Form
350 g Rinderhackfleisch
2 Eier
1 altbackene Semmel
½ Bund Petersilie
Salz
weißer Pfeffer aus der Mühle
100 g magerer Räucherspeck in dünnen Scheiben
½ Becher saure Sahne

Äußere Blätter vom Kohlkopf ablösen. Weißkohl in leicht gesalzenes, kochendes Wasser geben und etwa 15 Minuten ziehen lassen, dann herausnehmen, abtropfen und abkühlen lassen. Die äußeren 8–10 Blätter abnehmen, den restlichen Kohl in Würfel schneiden, dabei den Strunk entfernen. Kohl mit geschälter und gewürfelter Zwiebel und Kümmel in heißem Schmalz fast gar schmoren, etwas abkühlen lassen. Einen Schmortopf buttern, mit etwa zwei Dritteln der Kohlblätter auslegen. Hackfleisch mit Eiern, eingeweichter und ausgedrückter Semmel, geschmortem Kohl, gehackter Petersilie, Salz und Pfeffer vermengen und abschmecken, auf die Kohlblätter geben und mit den restlichen Kohlblättern zudecken. Speckscheiben auflegen und die Sahne darübergießen. Den Krautbraten im vorgeheizten Backofen etwa 45–50 Minuten bei 180–200° C goldbraun backen.
Dazu gibt es Salzkartoffeln oder Kartoffelpüree und eine heiße Tomatensauce.

Der Krautbraten ist eine alte fränkische Spezialität, wobei sich zwischen Bamberg und Rothenburg ob der Tauber viele Städte um die Ehre streiten, den »echten« Krautbraten erfunden zu haben. Ein saftiger Krautbraten wird in vielen Familien heute noch einem »richtigen« Braten vorgezogen – ganz abgesehen davon, daß die Hackfleisch-Kraut-Zubereitung den Geldbeutel nicht so stark belastet.
Krautbraten wird heute im allgemeinen in einer ofenfesten Form zubereitet. Früher verwandte die Hausfrau viel Arbeit darauf, das gefüllte Kraut wieder in die Krautkopfform zu bringen. »Acht Stück langer Bindfaden werden in einer Schüssel über Kreuz gelegt«, schrieb Christine Haller in ihrem vor der Jahrhundertwende erschienenen Kochbuch »für die gut bürgerliche und Herrschafts-Küche« vor. »Dann ein großes Blatt in die Mitte und neben herum auch große Blätter, eines an das andere.« Diese Blattlage wurde mit Hackfleischfüllung bestrichen. Weitere Blätter schlossen sich an, wiederum mit Füllung überzogen. »Dann biegt man von unten herauf die Blätter, hebt den Bindfaden mit einander auf, dreht sie zusammen und befestigt das Zusammengedrehte mit einem kleinen Hölzchen und so wird der Krautskopf so ziemlich seine Form wieder haben.«
Mit einem ganz ähnlichen Rezept wartet auch Katharina Prato in der »Süddeutschen Küche« auf. Bei ihr soll der Krautkopf jedoch so vorgekocht werden, daß die Blätter zusammenhalten. Zwischen die Blätter streicht man die Füllung, drückt den Kopf wieder zusammen und umwindet ihn mit Bindfäden.
Frau Prato meint aber auch, man könne zur Abwechslung den Krautkopf aushöhlen und mit einer Mischung aus Hackfleisch und kleingeschnittenem Kraut füllen. »Man bindet das Kraut in eine Serviette und kocht es 1 Stunde in Salzwasser. Aus dem Tuche wird es auf die Schüssel gegeben, ganz oder zu Stücken geschnitten, mit Brösel und Parmesankäse bestreut und mit Butter übergossen.«

Schwarzwurzeln in Schinkensauce

800 g Schwarzwurzeln
2 EL Essig
½ l Wasser
Salz
Saft ½ Zitrone

Für die Sauce:
125 g gekochter Schinken
30 g Butter
30 g Mehl
¼ l Milch
¼ l Gemüsewasser
Salz
1 Prise geriebene Muskatnuß

Schwarzwurzeln unter fließendem kalten Wasser gründlich abbürsten, schaben und sofort in eine Schüssel mit Essigwasser legen. Die Wurzeln in 5 cm lange Stücke schneiden. Wasser mit Salz und Zitronensaft aufkochen, die Schwarzwurzeln hineingeben und 30 Minuten kochen, dann herausnehmen und abtropfen lassen. ¼ l Kochbrühe abmessen und beiseite stellen. Für die Sauce Schinken in feine Streifen schneiden. Butter in einem Topf erhitzen, das Mehl hineingeben und unter Umrühren zwei Minuten durchschwitzen. Milch und Gemüsewasser angießen, die Sauce acht Minuten unter Umrühren durchkochen. Schinkenstreifen hineingeben, mit Salz und Muskat abschmecken. Schwarzwurzelstücke in der Sauce heiß werden lassen, aber nicht mehr aufkochen.
Dazu passen Salzkartoffeln und Frikadellen oder Kalbsschnitzel.

Im Frühjahr wird in Franken gern Spargel gegessen. Im Winter dienen die Schwarzwurzeln als willkommener »Ersatz«, für den es von den Schwarzwurzeln in Schinkensauce über die gebackenen Schwarzwurzeln bis zum Schwarzwurzelsalat viele Rezepte gibt. Freilich wird meist eine andere Bezeichnung verwendet, die sich »Storzenärla«, »Schtorzenärla«, »Storzoneren« oder auch »Schötzennieren« anhört. Das hängt mit der Ursprungsgeschichte der Wurzeln zusammen, die schon seit dem 17. Jahrhundert in Franken angebaut werden. Die Schwarzwurzel, botanisch *scorzonera hispanica*, kommt schon im ersten Jahrhundert n. Chr. bei Dioskurides vor und wird auch in mittelalterlichen Handschriften erwähnt. Eine ausführlichere Beschreibung lieferte aber erst der Kräuterkundige P. A. Matthioli in einem 1544 in Venedig erschienenen Buch. Er notierte, die Scorzonera sei gut gegen Schlangenbiß, Pest und Melancholie – ob sie damals schon als Gemüse eine Rolle spielte, ist ungewiß. Immerhin hebt Matthioli den Wohlgeschmack der Wurzel hervor. Was gegen Schlangenbiß helfen soll, darf auch den Namen der Schlange tragen. »Scorzonera« leiten die Sprachforscher ab vom spanischen »scurzo« oder »escorzo« oder vom italienischen »scorzone« – und das bedeutet Schlange oder auch Giftschlange. Die sprachliche Ableitung deutet auf die Herkunft der Schwarzwurzel hin. Zweifellos kam sie aus dem Mittelmeerraum nach Deutschland. Insgesamt gibt es mehr als hundert enge Verwandte der Schwarzwurzel, die zu den Korbblütlern gehört. Sie alle sondern Milchsaft ab. (Ein altes Kochbuch schlägt denn auch vor, die Frische der Wurzeln zu prüfen, indem man eine davon durchbricht – sondert sie weißen Saft ab, ist sie frisch.) Aus einer zentralasiatischen Schwarzwurzelart wird Kautschuk hergestellt. In Süddeutschland wächst vereinzelt die Purpurschwarzwurzel, die völlig aus der Art schlägt. Ihre weinroten Blüten duften nach Vanille.

1978 er
Würzburger Stein
Riesling
0,7 l
FRANKEN

Abgebräunte Kalbshaxe

1 Kalbshaxe (etwa 1 kg)
1½ l Wasser
Salz
1 Bund Suppengrün
1 Zwiebel
weißer Pfeffer aus der Mühle
60 g Butterschmalz

Haxe abspülen und abtropfen lassen. Wasser in einem größeren Topf zum Kochen bringen und salzen. Kalbshaxe und das geputzte, grob geschnittene Suppengrün sowie die geschälte und halbierte Zwiebel hineingeben. Wasser aufkochen lassen und das Fleisch zugedeckt etwa 60 Minuten bei mittlerer Hitze kochen, dann herausnehmen, abtropfen lassen und ringsherum salzen und pfeffern. Butterschmalz in einer Bratpfanne erhitzen, die Kalbshaxe hineingeben und in 50–60 Minuten von allen Seiten knusprig braun braten, zwischendurch mit Bratenfond oder wenig heißem Wasser begießen. Die Kalbshaxe auf einer vorgewärmten Platte anrichten und mit dem Bratenfond übergießen.
Dazu ist Kartoffel- oder Weißkrautsalat besonders beliebt. Sie können die abgebräunte Kalbshaxe aber auch mit Salzkartoffeln und Mischgemüse (Erbsen, Karotten, Spargel) reichen.

Eine Kalbshaxe kann man in Brühe kochen, in Essigsud sauer zubereiten, am Spieß grillen, in einer Bratreine braten oder mit einer hellen Sauce »einmachen«. Am zünftigsten ist jedoch die altbayerische Methode, die Haxe zuerst in Kräutersud halbgar zu kochen und sie dann in der Bratpfanne »abzubräunen«, also fertig zu braten, und zwar so, daß sie außen rösch und knusprig wird, innen jedoch weich, saftig und ein bißchen klebrig bleibt. So zubereitet gilt die Kalbshaxe in Bayern als Krone aller Schmankerln für ein festliches Essen – im Gegensatz etwa zur Schweinshaxe, die schon mal zu einer guten Brotzeit auf den Tisch kommt. Nichts geht über eine abgebräunte Kalbshaxe, und es gibt Leute, die dafür ihr Erstgeburtsrecht verkaufen würden – wie etwa die Kochbuchautorin Erna Horn, von der dieser Ausspruch stammt.
Rezepte für die abgebräunte Kalbshaxe finden sich schon in Kochbüchern des vorigen Jahrhunderts. Diese Art der Zubereitung setzte sich durch, weil das Vorwegkochen die Zubereitungszeit bedeutend abkürzt und außerdem garantiert, daß die Haxe inwendig auch schön weich und durch gerät. Noch schneller geht es, wenn die vorgekochte Haxe ausgelöst, in Portionen zerteilt und dann erst gebraten wird, wie es Christine Haller in ihrem Kochbuch vorschlägt: »Die Kalbshaxen werden abgehäutet, in Fleischbrühe weich gekocht, in schöne Stückchen geschnitten, gesalzen und wenig gepfeffert, in Reibmehl einpaniert und auf der flachen Pfanne abgebräunt.«
Ein bedeutend komplizierteres Verfahren beschreibt Katharina Prato. Nach ihrem Rezept soll man Löcher in das Fleisch stechen und Speck-, Zungen- sowie Schinkenstreifen hineinschieben. Gewürzt wird sehr vielseitig mit Pfeffer, Salz, Zwiebeln, Knoblauch, Zitronenschalen, Piment, Ingwer und Lorbeerblatt. Für heutige Verhältnisse klingt diese Bratvorschrift etwas abenteuerlich.

Bayerischer Schweinsbraten

1 kg Schweinefleisch mit Schwarte (Schlegel, Hals- oder Rippenstück)
Salz
1 Zwiebel
1 Lorbeerblatt
1 Bund Suppengrün
4 Pfefferkörner
1 TL Kümmel
½ Knoblauchzehe
1 TL Speisestärke
Streuwürze
weißer Pfeffer aus der Mühle

Fleisch waschen, mit Küchenkrepp trockentupfen und mit Salz einreiben. Mit der Schwarte nach unten in eine Bratpfanne legen und ¼ l kochendes Wasser angießen. Das Fleisch 15 Minuten im vorgeheizten Ofen bei 200° C braten, dann das Fleisch umdrehen und die Schwarte mit einem scharfen Messer kreuzweise einschneiden. Mit der Schwarte nach oben unter häufigem Begießen mit Bratenfond oder heißem Wasser fertigbraten.
Nach 45 Minuten geschälte und gewürfelte Zwiebel, Lorbeerblatt, grob geschnittenes Suppengrün und Gewürze dazugeben. Zum Schluß die Schwarte mit Salzwasser bestreichen, damit sie knuspriger wird. Fleisch herausnehmen und warm stellen. Bratenfond mit wenig heißem Wasser loskochen, durch ein Sieb geben, mit kalt angerührter Speisestärke binden, mit Salz, Streuwürze und Pfeffer abschmecken.
Zum bayerischen Schweinsbraten gibt es Reibeknödel aus ⅔ rohen und ⅓ gekochten Kartoffeln mit Semmelbeigabe, außerdem frischen oder auch gekochten Salat.

Er gilt als bayerischster aller Braten, darf in vielen Familien am Sonntag nicht auf dem Mittagstisch fehlen und gehört überdies die ganze Woche über zum Standardprogramm der Wirtshäuser. Wer Schweinsbraten mit Reibeknödeln (aus rohen und gekochten Kartoffeln plus Semmelbeigabe) und gemischtem Salat, der hierzulande ziemlich sauer angerichtet wird, bestellt, geht kein Risiko ein, wenn man einmal davon absieht, daß dem Wirtshausbraten im allgemeinen die schmackhaften »Krusperln« fehlen.
Vorschriftsmäßig zubereitet ist der Schweinsbraten nämlich nur dann, wenn die Schwarte kreuzweise eingeschnitten wird, was zweckmäßigerweise erst nach einer Bratzeit von 15 Minuten geschieht. Beim Weiterbraten kommt die Schwartenseite nach oben, zum Schluß kann man sie auch noch mit Salzwasser bestreichen. So entstehen goldgelbe Schwartenquadrate, die anheimelnd krachen, wenn man hineinbeißt. Sie werden Krusperln genannt.
Schweinefleisch ist eindeutig das bayerische Lieblingsfleisch – außer dem klassischen Schweinsbraten gibt es deshalb unzählige andere Rezepte, wobei lediglich das einst weit verbreitete Surfleisch (gepökeltes Fleisch) und das berühmte Gselchte (gepökeltes und geräuchertes Fleisch) etwas aus der Mode gekommen sind, seitdem es Tiefgefriereinrichtungen gibt – und die gibt es in Bayern schon sehr lange. Bevor überhaupt für den Haushalt geeignete Gefriertruhen und -schränke entwikkelt waren, wurden in vielen Dörfern Gemeinschaftsgefrieranlagen eingerichtet. Jeder Hof konnte ein oder mehrere Gefrierfächer mieten. Sie nahmen das frisch geschlachtete Fleisch auf, das nun nicht mehr durch Pökeln oder Räuchern haltbar gemacht werden mußte – es sei denn, die Familie bestand aus geschmacklichen und Gewöhnungsgründen darauf, daß wenigstens ein Teil der Schlachtung auf althergebrachte Weise behandelt wurde.

Pichelsteiner

250 g Rindfleisch
250 g Schweinefleisch
250 g Lammfleisch
30 g Schweineschmalz
400 g Kartoffeln
½ Sellerieknolle
2 Stangen Porree
3 Mohrrüben
3 Petersilienwurzeln
½ kleiner Kopf Wirsingkohl
60 g Rindermark oder Schweineschmalz, 2 Zwiebeln
1 TL zerriebener Majoran
½ TL Kümmel, Salz
weißer Pfeffer aus der Mühle
1 Bund Petersilie

Fleisch in Gulaschwürfel schneiden, in einem Topf in heißem Schweineschmalz unter Umrühren allseitig anbraten, mit gut ½ l Wasser auffüllen und das Fleisch zugedeckt 30 Minuten vorkochen, Brühe abgießen und beiseite stellen.
Kartoffeln schälen und würfeln. Sellerie, Porree, Mohrrüben, Petersilienwurzeln und Wirsing putzen und in Scheiben oder Streifen schneiden. Rindermark (oder Schweineschmalz) in einen großen Topf geben und erhitzen. Zwiebeln schälen, fein würfeln und im Fett glasig dünsten. Schichtweise abwechselnd Fleisch, Kartoffeln und Gemüse in den Topf geben, jede Schicht würzen. Fleischbrühe (vom Vorkochen des Fleisches) angießen, das Pichelsteiner zum Kochen bringen und bei schwacher Hitze im geschlossenen Topf ohne Umrühren in etwa 50 Minuten garen. Bei Bedarf Flüssigkeit nachgießen. Vor dem Auftragen gehackte Petersilie aufstreuen.

Als der Redaktionsbeirat einer in den USA geplanten internationalen Kochbuchserie darüber nachdachte, welches unter den vielen deutschen Eintopfgerichten man als besonders typisch herausstellen solle, kam er auf Pichelsteiner. Seitdem können Feinschmecker in aller Welt Pichelsteiner kochen: aus drei Fleisch- und sechs Gemüsesorten plus Kartoffeln. Für den typischen Geschmack sorgen Petersilienwurzeln und Rindermark. Beide Zutaten sieht auch schon das Urrezept aus der Zeit vor 150 Jahren vor. Damals hieß der Eintopf noch Pickelsteiner.
Genaugenommen müßte dieser Eintopf Büchlsteiner heißen (und so wird er in Marie Schandris »Regensburger Kochbuch« von 1890 auch genannt). Auf dem Büchlstein, einem Höhenrücken im Lallinger Winkel des Bayerischen Waldes, unweit von Grattersdorf bei der Kreisstadt Regen, soll Büchlsteiner Fleisch im vorigen Jahrhundert erstmals serviert worden sein. Der Überlieferung nach war der Eintopf die Erfindung einer Gastwirtin aus Grattersdorf. Sie sollte für eine Herrenpartie des Landrichters ein Essen vorbereiten, das ohne Schwierigkeiten auch auf den Höhen des Büchlsteins heiß angerichtet werden konnte. So kochte sie den Eintopf zu Hause fertig. An Ort und Stelle brauchte er dann nur noch aufgewärmt zu werden.
Seitdem gilt Pichelsteiner als eine Art Nationalgericht des Bayerwaldes. Seit 1874 feiert die Stadt Regen alljährlich ihr Pichelsteinerfest mit Tausenden von Eintopfportionen aus der Gulaschkanone. In den Haushalten der Umgebung wurde Pichelsteiner früher in eigenen »Maschinen« zubereitet, bestehend aus zwei genau ineinander passenden Formen, so daß man das Gerät ohne Schwierigkeiten während der Garzeit wenden konnte. Pichelsteiner ist längst Allgemeingut der deutschen Küche geworden. Die Zeugen für seinen Wohlgeschmack reichen von Kanzler Bismarck, der sich beim Kuraufenthalt in Bad Kissingen am »Bismarckragout« erfreute, bis zu Kanzler Erhard, den Vater des Wirtschaftswunders, der Pichelsteiner als sein Leib- und Magengericht bezeichnete.

Dampfnudeln

500 g Mehl
30 g Hefe
50 g Zucker
⅛ l Milch
3 Eier
½ TL Salz
abgeriebene Schale einer Zitrone
60 g Butter

Zum Dämpfen:
etwa ¼ l Milch
80 g Butter
30 g Zucker

Mehl in eine Backschüssel geben, in der Mitte eine Vertiefung eindrücken und die zerbröckelte Hefe hineingeben, mit etwas Zucker, lauwarmer Milch und Mehl zu einem flüssigen Vorteig verrühren, der zugedeckt und warm gestellt 30–40 Minuten gehen muß. Den Vorteig mit den übrigen Teigzutaten zu einem glatten Hefeteig verarbeiten, der kräftig geschlagen werden muß, bis er Blasen zeigt.
Den Teig zum Ballen geformt in einer Schüssel weitere 30 Minuten gehen lassen. Milch in einem großen, weiten Topf mit der Hälfte der Butter und dem Zucker erhitzen. Teigbällchen formen und dicht aneinander in die Milch legen (sie darf die Nudeln nicht überdecken). Die Dampfnudeln nochmals kurz gehen lassen. Restliche Butter zerlassen und die Nudeloberflächen damit bestreichen. Ein Küchentuch zwischen Topf und Deckel legen. Den fest verschlossenen Topf in den vorgeheizten Backofen schieben und die Dampfnudeln in etwa 30 Minuten bei 200° C backen. Sie sollen zum Schluß alle Flüssigkeit aufgesogen und unten eine braune Kruste gebildet haben.
Mit Vanille- oder Weinschaumsauce anrichten.

Die Nudeln, von denen hier die Rede ist, sind nach außerbayerischem Sprachgebrauch keine Nudeln, sondern eine Art Hefegebäck. Der Fachmann unterscheidet zwischen Rohrnudeln oder Buchteln, die in der offenen Bratpfanne (Reine) in reichlich Fett gebacken werden, und den Dampfnudeln, die sich im geschlossenen Topf in heißer, mit Butter vermischter und gesüßter Milch zu stolzer Größe entwickeln. Hier dreht es sich um die zweite Version, von der ein alter Kinderspruch handelt:

»Dampfnudel hamma gestern g'habt,
Dampfnudel hamma heut.
Dampfnudel hamma alle Tag,
wei's uns halt g'freut.«

Alte Dampfnudelrezepte gibt es schon aus dem Jahre 1691 – damals war die lockere Mehlspeise in erster Linie noch ein Fastengericht. Wie es heißt, brachte 1783 eine bayerische Köchin die Kunst des Dampfnudelbackens auch nach Wien. Eine Zeitung beschwerte sich damals: »Es ist traurig! Die Entdeckung des Planeten Uranus vor vier Jahren und der Luftballon Montgolfiers vor drei Jahren haben die Wiener nicht so in Aufregung versetzt wie die bayerische Dampfnudel!« Ein preußischer Autor dagegen bezeichnete die Dampfnudel begeistert als die älteste und nützlichste Anwendung der Kraft des Wasserdampfes in Europa.
Obwohl Dampfnudeln einer im Umgang mit Hefeteig geübten Köchin keine Probleme aufgeben, was sich mit Hilfe unseres Rezeptes beweisen läßt, sind viele Hausfrauen heute an der »umständlichen« Nudelbäckerei nicht mehr so interessiert. Pfiffige bayerische Gastwirte machen sich das zunutze und bieten ihren Gästen frische Dampfnudeln an. Am konsequentesten ging dabei ein Regensburger vor. Er gründete vor ein paar Jahren die »Erste Bayerische Dampfnudel-Bäckerei« in der einstigen Reichsstadt und liefert seinen Besuchern seitdem Dampf- und Rohrnudeln, Dukatenbuchteln und -wuchteln fachmännischer Produktion – getreu dem Motto: »Dampfnudeln ess' ich jeden Tag, da Dampf ja keinen Nährwert hat.«

375 g Mehl
1 gestrichener TL Backpulver
175 g Zucker
2 Eier
200 g Butter
etwas Fett für das Blech
1,5 kg frische Spätzwetschgen
5 EL Zucker
2 TL gemahlener Zimt

Mehl auf dem Backbrett mit Backpulver mischen, Zucker und Eier damit vermengen, dann die geschnittene Butter darauf verteilen und alles zu glattem Mürbteig verkneten. Den Teig zum Ballen formen und 30 Minuten im Kühlschrank ruhen lassen, dann dünn ausrollen und ein größeres, gefettetes Backblech damit belegen.
Die Zwetschgen waschen, halbieren und entsteinen, den Teig schuppenförmig dicht damit belegen. Zucker mit Zimt mischen und die Hälfte davon auf die Zwetschgen streuen. Den Kuchen 50–60 Minuten bei 190–200° C backen, mit dem restlichen Zimtzukker bestreuen, abkühlen lassen und in Stücke schneiden.

Augsburger Zwetschgendatschi

Was ein Datschi, Datsch oder Dotsch ist, kann auch ein gestandener Bayer nicht einwandfrei definieren. Etwas Fladenförmiges? Das würde auf den Reibedatsch(i) zutreffen, andernorts Kartoffelpuffer oder Reibekuchen genannt. Etwas in der Pfanne Gebackenes? Das paßt auf einen Schmarrn aus Eierkuchenteig, der in der Oberpfalz Datsch und in Oberbayern Holzknechtsschmarrn heißt. Ein Blechkuchen? Das würde zum Augsburger Zwetschgendatschi passen, dessen Teigunterlage so dünn wie möglich ausfallen soll, damit die Zwetschgen so richtig zur Geltung kommen – und auf andere Blechkuchen dieser Art, die ebenfalls Datschi genannt werden, beispielsweise der Apfeldatschi aus Bayerisch-Schwaben.
Zwetschgendatschi ist zwar verwandt, aber nicht deckungsgleich mit jenen Zwetschgenkuchen oder Quetschekuche, wie sie in anderen deutschen Landschaften gebacken werden, etwa in Thüringen, Sachsen und Hessen. Vor allem hat ein Zwetschgendatschi keine Hefeteigunterlage, sondern eine solche aus Mürb- oder Knetteig. Die Zwetschgen – am besten späte Sorten – müssen so dicht auf dem Kuchenteig sitzen, daß keine Messerklinge dazwischen paßt. Warm schmeckt der Datschi, nach dem die Augsburger den Spitznamen »Datschiburger« tragen, ausgezeichnet – aber kalt, am nächsten Tag, fast noch besser, weil nun der Zwetschgensaft den Teig schön durchtränkt hat, der Kuchen so richtig »knatschig« und saftig geworden ist. Übrigens ißt man den Zwetschgendatschi in Bayern nicht nur zum Kaffee (und zwar in der Regel ohne Schlagsahne, die als Verstoß gegen den guten Zwetschgengeschmack betrachtet wird), sondern beispielsweise auch zur Kartoffelsuppe.
Mit Zwetschgen weiß die bayerische Küche natürlich noch mehr anzufangen. Bekannt sind Zwetschgenknödel aus einem Teig von gekochten Kartoffeln, die es, mit gebräunter Butter übergossen, zum Nachtisch gibt, ferner Rohrnudeln mit einer Zwetschgenfüllung oder Zwetschgenpavesen, bei denen es sich um geweichte Semmelscheiben handelt, die mit einer Füllung aus Zwetschgenmus zusammengesetzt und in heißem Fett schwimmend gebacken werden.

Berlin und Brandenburg

Gemessen an den uralten Traditionen anderer deutscher Küchenregionen ist die Berliner Küche noch jung. Manche Kochkunsthistoriker haben deshalb nachzuweisen versucht, daß von einer »echten« Berliner Küche gar nicht die Rede sein könne. Aber damit schossen sie über das Ziel hinaus. Gewiß kann, wer es darauf anlegt, ohne große Mühe aufzeigen, aus welcher Himmelsrichtung welche Zubereitung nach Berlin getragen worden sein mag. Aber das ist auch bei den meisten anderen Küchenregionen möglich. Entscheidend ist letztlich nur, daß sich ein Gericht in der neuen Umgebung durchsetzt, daß es in die Liste der »Stammgerichte« aufgenommen wird. Wenn man den Dingen auf den Grund geht, findet man wirklich eine ganze Anzahl von Speisen, die für Berlin typisch sind. Es handelt sich größtenteils um handfeste, mehr oder weniger anspruchslose, nahrhafte Gerichte – mit einem Hauch von Großstadt, Destille, Hier-können-Familien-Kaffee-Kochen und Wannsee. Nicht wenige davon pflegt der Berliner nur selten am häuslichen Eßtisch zu genießen. Dafür findet man sie um so häufiger auf den Theken der Eck- und anderen Kneipen: Rollmöpse und saure Gurken, Bockwürste und Sulzkoteletts, Buletten und Bratheringe und Soleier.

Von den häuslichen Leibgerichten der Berliner verdient das Eisbein mit Sauerkohl und Erbspüree an erster Stelle genannt zu werden, jene deftige und nicht gerade kalorienarme Speise, die Klopstock in Hexametern pries, Immanuel Kant über alles schätzte und bei deren Duft nicht nur dem Berliner das Wasser im Munde zusammenläuft. Mit den Erbsen weiß man in Berlin seit jeher eine Menge anzufangen. Neben dem mit Majoran oder Thymian gewürzten Erbspüree und den traditionsreichen Löffelerbsen ist auch die Erbswurst historisch mit der alten Reichshauptstadt verbunden. Sie wurde erstmals 1870 von einem Berliner Koch namens Grünberg hergestellt und besteht aus Erbsenmehl, Speck, Zwiebeln und Gewürzbeigaben. Die nahrhafte Suppenkonserve begann ihren unaufhaltsamen Vormarsch durch die preußischen Gulaschkanonen im Krieg von 1870/71, und es gibt Militärhistoriker, nach deren Meinung die Schlagkraft der preußischen Truppen zur damaligen Zeit ganz wesentlich auf die rechtzeitige Erfindung der Erbswurst zurückzuführen gewesen sein soll.

Schlachtfleisch und Würste haben es dem Berliner schon immer angetan. Ein merkwürdiger alter Brauch legt davon Zeugnis ab. Wenn der Fleischer – in Berlin meist als Schlächter bezeichnet – die frische Wurst und die würzige Wurstsuppe fertig hatte, stellte er einen Stuhl vor die Ladentür und hängte eine saubere weiße Schürze darüber. Woher dieser Brauch stammt, ist unklar. Vielleicht wuschen früher der Fleischer und seine Gehilfen nach getaner Arbeit ihre Schürzen und hängten sie über einen Stuhl zum Trocknen auf.

Eine ganze Reihe von Berliner Lieblingsgerichten ruft bei auswärts wohnenden Berlinern wehmütige Erinnerungen hervor. Dazu gehören knusprige Kartoffelpuffer und die sparsame Speckstippe, im Volksmund »Beamtenstippe« genannt (schlecht bezahlte Beamte überbrückten damit die Zeit bis zur nächsten Gehaltszahlung), ebenso der mit Gurkensalat servierte grüne Aal oder die berühmten Berliner Pfannkuchen, das prominente Schnit-

zel »Holstein« oder die nach einer Sängerin mit großen, schönen Augen benannten Lucca-Augen. Auch das Kasseler Rippenspeer, gekocht oder gebraten angeboten, die Schmorgurken und das Hühnerfrikassee haben Ehrenplätze auf der Berliner Speisekarte.
Bei den Getränken dominiert eindeutig das Bier, kurz als Molle bezeichnet, mit Korn oder auch Kümmelschnaps serviert. Einen großen Namen hat die Berliner Weiße, eine Weizenbierspezialität, die in großen, flachen Schalen »mit Schuß«, das heißt mit Himbeersaft, oder »mit Strippe«, also mit Kümmelschnapsbeigabe, oder auch ohne alles serviert wird. Nach alter Tradition schlürft man die Weiße ohne Strohhalm direkt aus der Schale, was einige Übung voraussetzt. Die Weiße ist keine Berliner Erfindung. Aber eine obergärige Weiße aus Berlin schmeckt nun einmal anders als ein bayerisches Weizenbier. Die Berliner meinen, das liege an ihrem Wasser. Für die Berliner Weiße schwärmte schon Feldherr Wallenstein – er nannte sie das einzige Getränk, das seinen Durst nach hitzigem Gefecht zu löschen in der Lage war.
Die Küche der Mark Brandenburg tritt gegenüber diesem massierten Angebot etwas in den Hintergrund. Fleischgerichte wie Hammelkeule mit grünen Bohnen oder Schweinskopf mit Grünkohl gehören rings um Berlin zu den Lieblingsspeisen. Angermünde ist bekannt für seine Schichttorte, in Templin versteht man einen delikaten Speckkuchen zu backen, und aus Eberswalde auf dem Barnim stammen die in ganz Deutschland bekannten Spritzkuchen aus Brandteig.
Die landwirtschaftlichen Erzeugnisse der Mark, Pommerns und Mecklenburgs dienten einst zu einem großen Teil der Versorgung Berlins: Obst aus Werder, Spargel aus Beelitz, Rübchen aus Teltow, Gänse aus dem Oderbruch, Gurken und Zwiebeln aus dem Spreewald, Karpfen aus Peitz, Forellen aus dem Fläming, Milch aus dem Havelland – die Reihe ließe sich noch beliebig fortsetzen.
In der Mark werden zahlreiche süffige Biere gebraut und sehr aromatische Schnäpse gebrannt. Der früher an der Havel betriebene Weinbau dagegen wurde schon vor der Jahrhundertwende aufgegeben. Mit dem sauren Tropfen, der auf dem Werder wuchs, war nicht viel anzufangen. Man mußte ihn mit Honig versüßen. Im Normalzustand ging der Wein, wie der zuständige Kellermeister bestätigen mußte, »durch die Kehle wie eine Säge«.

Rollmöpse in Gelee

4 Bismarckheringe
1 EL Tomatenketchup
1 große Zwiebel
2 Gewürzgurken
1 EL Kapern

Für das Gelee:
½ l Wasser
2 EL Essig, Salz
weißer Pfeffer aus der Mühle
1 Zwiebel
1 TL Senfkörner
½ TL Pfefferkörner
4 Pimentkörner
1 Lorbeerblatt
7 Blatt Gelatine

Bismarckheringe der Länge nach halbieren. Innenseiten dünn mit Ketchup bestreichen. Zwiebel schälen und fein hacken, Gewürzgurken in Streifchen schneiden. Die Heringshälften mit Zwiebelwürfeln, Gurkenstreifen und Kapern belegen, fest aufrollen und mit Holzspießchen zusammenhalten.
Wasser mit Essig, Salz und Pfeffer aufkochen. Zwiebel schälen und grob schneiden, mit Senf-, Pfeffer-, Pimentkörnern und Lorbeerblatt in den Sud geben. 10 Minuten im zugedeckten Topf kochen lassen, dann abseihen.
Gelatine in wenig kaltem Wasser quellen lassen, ausdrücken und im heißen Sud lösen. In kleine Förmchen 5 mm dick Geliersud gießen, erstarren lassen, je einen Rollmops darauflegen, mit abgekühltem Geliersud auffüllen. Die Förmchen in den Kühlschrank stellen und das Gelee erstarren lassen. Förmchen vor dem Stürzen kurz in heißes Wasser tauchen.
Dazu passen Bratkartoffeln oder auch Kartoffelbrei. Man kann auch kräftiges Bauernbrot mit Butter dazu reichen.

Der Rollmops, so möchte man meinen, müßte schon aus sprachlichen Gründen der Berliner Küche zugeordnet werden. Wer sonst als ein Berliner käme auf die Idee, eine schlichte Rolle aus den Filets von marinierten Heringen, gefüllt mit Zwiebel- und Gurkenstückchen, ausgerechnet Rollmops zu nennen? Die Berliner haben geradezu ein Patent auf ausgefallene Spitznamen. Bei ihnen heißt die Neue Philharmonie »Zirkus Karajani«, die Kongreßhalle »Schwangere Auster«, der Funkturm »Langer Lulatsch«, das Luftbrückendenkmal »Hungerharke« und der neue Turm der Gedächtniskirche »Seelenbohrer«.
Beim Rollmops handelt es sich erstens um etwas Gerolltes, zweitens um etwas Rundliches, einem Mops entfernt Verwandtes. In Alt-Berlin wurde übrigens auch der Junge, der dem Rollkutscher zur Hand ging, Rollmops genannt. Außerdem bedeutete die Bezeichnung unter Schülern eine aufmerksamkeitsfördernde Strafe des Lehrers, bei der dieser dem Kind mit dem Knöchel über die Kopfhaut streifte.
Salziges und Mariniertes spielt in der Berliner Küche eine große Rolle. Das ist kein Zufall, sondern auf den Preußenkönig Friedrich II. zurückzuführen. Der Staat hatte damals das Salzmonopol. Salz wurde mit einer hohen Steuer belegt. Jeder Untertan war verpflichtet, eine bestimmte Menge Salz abzunehmen, die im Haushalt verbraucht werden mußte. Daher also die Vorliebe für Salzheringe, -gurken und Sauerkraut sowie allgemein für Gepökeltes. Die Küche wurde dadurch abwechslungsreicher. Und der Alte Fritz bekam Geld in die Kasse, um seine Kriege zu finanzieren.
Bei fertig eingekauften Rollmöpsen dürfen die Inhaltsstoffe nicht mehr als zwanzig Prozent des Rollmopsgewichtes ausmachen. Das gilt auch für Rollmöpse in Gelee, die man fertig kaufen oder auch, siehe unser Rezept, nach eigenen Vorstellungen zubereiten kann.

Original
ORIGINAL FLASCHEN-GÄRUNG
0,33 l

Aal grün

1 frischer Aal (etwa 1 kg)
Saft ½ Zitrone
Für den Sud:
⅜ l Fleisch- oder Fischbrühe
⅛ l trockener Weißwein
1 Mohrrübe, 1 Petersilienwurzel
1 Zwiebel, 1 Lorbeerblatt
½ TL Pfefferkörner
½ TL Pimentkörner
½ TL Wacholderbeeren
1 Prise Zucker, Salz, Streuwürze
Für die Sauce:
1 EL Mehl, 1 EL Butter
1 Eigelb, 4 EL saure Sahne
2 Bund Dill, ½ Bund Petersilie
1 EL gehackter Salbei

Aal enthäuten und ausnehmen (oder gleich im Fischgeschäft herrichten lassen), gründlich waschen und in Portionsstücke teilen, mit Zitronensaft beträufelt 15 Minuten ziehen lassen. Fleisch- oder Fischbrühe mit Wein mischen und zum Kochen bringen. Geputztes und grob geschnittenes Gemüse, Lorbeerblatt, Pfeffer- und Pimentkörner und Wacholderbeeren dazugeben. Den Sud 10 Minuten bei schwacher Hitze ziehen lassen, abseihen und mit Zucker, Salz und Streuwürze abschmecken. Die Aalstücke hineingeben und in 15–20 Minuten garen (nicht sprudelnd kochen lassen). Mehl in Butter anschwitzen, mit etwa ½ l Kochsud aufgießen und acht Minuten durchkochen. Topf von der Brennstelle nehmen. Eigelb mit Sahne verquirlen und in die Sauce rühren, die gehackten Kräuter dazugeben und die Sauce abschmecken. Die abgetropften Aalstücke hineingeben. Dazu gibt es in Berlin Salzkartoffeln und Gurkensalat.

Aal jrün mit Jurkensalat« ißt der Berliner meist in einer Gaststätte, vor allem in Ausflugslokalen. Die Zubereitung ist aber so einfach, daß der Eigenanfertigung dieses Gerichtes nichts im Wege steht, vom inzwischen astronomisch hohen Preis für frische Aale abgesehen. Und natürlich müssen genügend frische Kräuter (daher die Bezeichnung »grün«) zur Verfügung stehen.
Fische spielen in der Küche der Mark Brandenburg, zu der Berlin ja auch gehört, seit jeher eine große Rolle. Das mag auf den ersten Blick verblüffen. Erst beim Studium der Karte von Berlin und Umgebung zeigt sich, daß keine andere deutsche Großstadt so reich mit Gewässern gesegnet ist – von der Havel und der Spree über zahlreiche Kanäle bis zu großen und kleinen Seen. Sie lieferten einst und liefern auch heute wieder Süßwasserfische in erstaunlicher Vielfalt.
Alte Berliner Kochbücher legen deshalb auf Fischgerichte großen Wert. So enthält Marie Schreibers »Berliner Kochbuch für bürgerliche Haushaltungen« aus dem Jahre 1839 mehr als hundert Rezepte für Fische und Krebse – das sind zehn Prozent des gesamten Rezeptschatzes. Darunter sind so ausgefallene Zubereitungsvorschriften wie die für Pflückhecht mit Krebsen (dabei wird das Fischfleisch von den Gräten »gepflückt«) oder gebratenen Karpfen mit Austernfüllung (dabei wird der Fisch am Spieß gebraten). Frau Schreiber notierte aber auch Rezepte wie »Aal mit Häring gekocht«, »Marinirte Muränen«, »Karauschen mit Petersilie« oder »Schnepeln mit weißen Rüben«.
Viele ihrer Vorschläge beziehen sich auf Krebse, die in Alt-Berlin etwas Alltägliches gewesen sein müssen. Sie stammten aus der Havel und später aus den Oderniederungen, wo es so viele von ihnen gab, daß täglich ein Sonderzug die Pariser Feinschmecker mit Oderkrebsen versorgen konnte.

1 Suppenhuhn (etwa 1,5 kg)
Salz
1 Bund Suppengrün
1 Lorbeerblatt
½ TL Pfefferkörner

Für die Sauce:
50 g Mehl
40 g Butter
3 Eigelb, 4 EL süße Sahne
2 EL Zitronensaft, 4 EL Weißwein
Streuwürze
weißer Pfeffer aus der Mühle
1 kleine Dose Champignons
100 g Spargelspitzen (Dose)
2 TL Kapern

Das kochfertig hergerichtete Suppenhuhn innen und außen waschen, mit Wasser bedeckt aufsetzen. Salz, geschnittenes Suppengrün, Lorbeerblatt und Pfefferkörner dazugeben. Das Huhn in etwa 80–90 Minuten garen, dann aus der Brühe nehmen, etwas abkühlen lassen. Das Fleisch von den Knochen lösen und in kleine Würfel oder in Streifen schneiden. Die Brühe durchsieben.
Mehl in der Butter anschwitzen, mit etwa ¾ l Hühnerbrühe auffüllen, unter Umrühren acht Minuten durchkochen. Topf von der Brennstelle nehmen. Eigelb mit Sahne verquirlen und mit der Sauce verrühren, mit Zitronensaft, Weißwein, Streuwürze, Pfeffer und Salz abschmecken. Abgetropfte und beliebig geschnittene Champignons und abgetropfte Spargelspitzen in die Sauce geben, die Kapern hinzufügen und das Hühnerfleisch hineingeben. Das Frikassee nochmals kurz erhitzen, aber nicht mehr kochen lassen.
Dazu gibt es körnig gekochten Reis oder auch Kartoffelpüree und frischen Salat.

Berliner Hühnerfrikassee

Welche Eigenschaften eine gute Köchin mitbringen muß, damit in der Küche alles wohl gerate, hat schon viele Autoren von Kochbüchern beschäftigt. In einem dikken Wälzer, der vor etwa 100 Jahren erstmals gedruckt wurde, ist nachzulesen, worauf es in erster Linie ankommt:
»Eine der Hauptbedingungen beim Kochen ist, daß die Köchin ihre gesunden fünf Sinne habe, daß sie bei den verschiedenen und oft umständlichen Zubereitungen, besonders beim Rösten, Braten und Backen gut sehe, – daß sie das Sieden, Schmoren, Krachen, Pratzeln gut höre, – daß sie gut rieche, was frisch oder verfault, gut oder schlecht ist, daß sie beim Salzen, Würzen, Schmälzen, Säuern gut schmecke und beim Umkehren und Umrühren der Speisen gut fühle, ob sie die gehörige Dicke und Festigkeit oder Dünne und Weichheit haben und ob am Boden der Gefäße nichts ankoche.«
Das gilt natürlich ganz besonders für Frikassee- und Ragoutgerichte, die schon zu Kaisers Zeiten Kennzeichen der »gutbürgerlichen« Berliner Küche waren. Sie stammen ursprünglich aus Frankreich. Hugenotten brachten sie nach Berlin mit, wo sie eine neue Heimat fanden. Hier zum Vergleich ein 150 Jahre altes Rezept für »Fricassee von jungen Hühnern« aus Berlin:
»Wenn die jungen Hühner gut vorbereitet und gewässert sind, werden sie in vier Theile geschnitten, und mit einem Stück Butter und Citronenscheiben in eine Kasserolle gethan, auch werden Majoran, Thymian, Petersilie, Bollen (Zwiebeln) und Salz in ein Läppchen gebunden und mit beigegeben. Nun wird so viel kochendes Wasser aufgegossen, daß es gleich steht; hiermit wird das Hühnerfleisch weich gekocht. Vor dem Anrichten werden vier Eier in einen Topf geschlagen, mit einem kleinen Löffel Mehl, etwas Wasser und einem Theilchen Esdrajonessig zusammengequirlt und die Hühnerbrühe dann zugegossen. Diese Sauce muß über ganz schwachem Feuer ziehen und dabei tüchtig durchgequirlt werden, damit sie nicht gerinnt. Zuletzt wird noch das Kräuterläppchen über die Sauce ausgedrückt. Nun wird das Hühnerfleisch angerichtet und diese Sauce darübergegeben.«

Berliner Schmorgurken

750 g Gemüsegurken
50 g Butter, Salz
weißer Pfeffer aus der Mühle
1 Prise Zucker
1 Bund feingehackter Dill
3 EL Weißwein
10 g Speisestärke
3 EL saure Sahne
Streuwürze
½ Bund feingehackte Petersilie

Gurken waschen, schälen und längs halbieren, die Kerne mit einem Löffel herausschaben und das Fruchtfleisch in Würfel oder dicke Scheiben schneiden. Butter in einem Topf erhitzen, die Gurken hineingeben und glasig dünsten, dabei salzen und pfeffern. Zukker, Dill und Weißwein dazugeben. Die Gurken zugedeckt bei schwacher Hitze 15–20 Minuten schmoren. Sauce mit kalt angerührter Speisestärke binden, kurz aufkochen und die Sahne hineinrühren. Mit Salz, Pfeffer und Streuwürze abschmecken und die gehackte Petersilie aufstreuen.
Dazu passen Frikadellen oder Schweineschnitzel und Salzkartoffeln oder Kartoffelpüree.

Gurken gehören schon deshalb zu den Berliner Leibgerichten, weil in der weiteren Umgebung der Stadt große Mengen von Gurken angebaut wurden und werden – beispielsweise im Spreewald. Schmorgurken kommen zur Zeit der Gurkenernte auf den Tisch, im Juli und August – in jener Zeit, die 1821 erstmals Sauregurkenzeit genannt wurde, weil in Politik und Kultur absolut nichts los war. In Büchmanns »Geflügelten Worten« ist nachzulesen, daß es der Komponist Zelter war, der diesen Ausdruck in einem Brief an Goethe prägte: »Unser Theater ist jetzt wieder lavierend, wie immer in der Sauregurkenzeit.«
Für Schmorgurken verwendet man spezielle Gurken, die viel Fleisch, aber nur wenig Kerne haben. Die gleichen Gurken sind auch für saure Gurken, die weiter südlich Salzgurken oder auch Salzdillgurken heißen, ideal. Das belegt ein Rezept aus Marie Schreibers Kochbuch:
»Man nehme hierzu recht fleischige sogenannte Schlangengurken, welche nicht zu viel Körner haben und ungefähr eines Fingers lang sind. Nachdem solche sauber gewaschen, legt man sie mit Salz in ein Gefäß, doch muß man das Versalzen vermeiden, da sie sonst leicht ihren guten Geschmack verlieren und verderben. Hiermit läßt man sie vier und zwanzig Stunden ruhig stehen, alsdann trocknet man sie rein ab und schichtet solche zwischen saure Kirschblätter und Dillstauden trocken in ein Faß ein, gießt kochendes Wasser darüber und läßt sie abermals einen Tag stehen. Am andern Tage läßt man das Wasser ab und gießt es kochend wieder darüber; sollte das Wasser nicht salzig genug sein, so schüttet man noch etwas zu und wiederholt dies Verfahren drei Tage hinter einander, worauf das Faß, fest zugespundet, an einem trockenen Ort aufbewahrt wird.«

Teltower Rübchen glasiert

750 g Teltower Rübchen
30 g Butter
30 g Zucker
1/8 l Fleischbrühe
Salz

Die Rübchen schälen, gründlich waschen und abtropfen lassen. Butter in einem Topf erhitzen, den Zucker hineingeben und unter Umrühren goldbraun werden lassen. Mit der heißen Fleischbrühe ablöschen, dabei gründlich durchrühren und mit Salz abschmecken.
Die Rübchen in die Fleischbrühe geben und 40–50 Minuten im offenen Topf garen und glasieren. Dabei den Topf immer wieder schütteln, damit alle Rübchen gleichmäßig gefärbt werden.
Glasierte Teltower Rübchen gibt es in der Mark Brandenburg zu Schweinekoteletts und Petersilienkartoffeln.

Teltower Rübchen gedeihen auf sandig-kalkigen, lockeren Böden am besten. Solche Böden finden sich in der mittleren Mark Brandenburg, in der Landschaft Teltow (mit der gleichnamigen Stadt) nahe Potsdam am südlichen Stadtrand von Berlin.
»Die Märker und die Teltower Rüben sind nicht voneinander zu trennen«, schrieb einst ein poetisch angehauchter Geist, »wer in Kleists Prinzen von Homburg nicht den märkischen Erdgeschmack findet, welcher demjenigen der Teltower Rüben verwandt ist, hat Kleist nicht verstanden.«
Die Teltower Rübchen, nicht mit den Mohrrüben verwandt, ihnen aber sehr ähnlich, schmecken delikater als Mohrrüben und leicht süßlich. »Je kleiner diese Rübchen, desto feiner sind sie«, schrieb die Berlinerin Mathilde Ehrhardt, »desto mühsamer ist aber auch das Putzen; man verrichtet diese Arbeit daher am besten am Abend vorher. Damit die Rüben nicht unansehnlich werden, wäscht man sie nicht ab, sondern bestreut sie mit Weizenmehl und läßt sie verdeckt stehen. Vor dem Kochen werden sie sauber abgewaschen und mit kochendem Wasser angesetzt.« Das umständliche Mehlverfahren empfiehlt sich freilich nur, wenn man die geputzten Rübchen nicht sofort weiterverarbeitet.
Renommier-Rübchenesser der Brandenburger ist Johann Wolfgang von Goethe, der sich die Rüben von seinem Freund Zelter scheffelweise schicken ließ und der gelegentlich äußerte, die Rüben wüchsen zwar weit entfernt von den Kastanien, paßten aber ausgezeichnet mit ihnen zusammen und seien für ihn deshalb ein Symbol für die Überwindung der Unvereinbarkeit.
Bei einem ausgedehnten Essen der Zeit vor 100 Jahren durften die Teltower Rübchen nicht fehlen. Theodor Fontane überlieferte diese Speisenfolge: Suppe, Fisch, Teltower Rübchen, Spickgans (geräucherte Gans), Braten, Süßspeise, Früchte, Pfefferkuchen, Königsberger Marzipan, dazu Sherry, Rotwein und abschließend Kaffee.

Buletten

1 altbackene Semmel
etwas Milch
2 Zwiebeln
20 g Butter
500 g gemischtes Hackfleisch (Rind und Schwein)
1 Ei
Salz
schwarzer Pfeffer aus der Mühle
1 Prise geriebene Muskatnuß
1 Ei und 2 EL Semmelmehl zum Panieren
Butterschmalz zum Braten

Semmel in Milch einweichen, ausdrücken und fein zerpflücken. Zwiebeln schälen, fein würfeln und in heißer Butter goldgelb anrösten.
Hackfleisch in einer Schüssel mit Semmel, Zwiebelwürfeln (einschließlich Bratenfett) und Ei verkneten, mit Salz, Pfeffer und Muskat würzen. Aus dem glatten Fleischteig acht Kugeln formen und zu Buletten flachdrücken, in verquirltem Ei und Semmelmehl wenden.
Die Buletten in einer Pfanne in heißem Butterschmalz beiderseits bei stärkerer Hitze anbraten, dann in etwa acht Minuten bei schwächerer Hitze fertigbraten.
Heiß zu Kartoffelsalat servieren oder kalt als Zwischenmahlzeit reichen.

Als der Berliner Hans Meyer, Professor am Grauen Kloster, einem berühmten Berliner Gymnasium, um die Jahrhundertwende zur Tat schritt, um die Eigentümlichkeiten des hauptstädtischen Dialekts in einem Wörterbuch zusammenzufassen, kam er auf mehr als 6000 typische Berliner Wörter und Redensarten, von Aalfans = alberner Mensch, bis zwitschern = einen Schnaps trinken. Der Band, betitelt »Der richtige Berliner«, enthält auch eine ganze Menge kulinarische Hinweise. Was aber fehlt, sind die Buletten. Wahrscheinlich waren sie dem Professor einfach zu alltäglich.
Was in Berlin Bulette genannt wird, heißt anderswo Frikadelle oder, in Bayern, Fleischpflanzl. Wichtiger Unterschied: Buletten pflegt man zu panieren, die weiter südlich angesiedelten Ableger nicht. Öffentlich zum Verkauf angebotene Buletten müssen einen Fleischanteil von siebzig Prozent haben. Zu Hause kann man so viele eingeweichte Schrippen (Brötchen, Semmeln, Wecken) hineintun, wie man will. Die Bezeichnung der Berliner Spezialität ist vom französischen boule = Kugel abgeleitet, ungeachtet der Tatsache, daß Buletten keineswegs kugelförmig sind, sondern rund und flachgedrückt.
Neben Soleiern, Rollmöpsen, Sulzkoteletts und Hackepeter gehören kalte Buletten zum Standardprogramm der Berliner Kneipen. Zwar machen Currywürste und Hamburger mit ihren Verwandten den Buletten und ihrem Anhang ernsthafte Konkurrenz, aber es gibt in der alten Reichshauptstadt immer noch schätzungsweise 5000 traditionelle Kneipen, in denen man seine Molle oder seine Berliner Weiße mit Schuß zischen und sich dazu an kalten Herrlichkeiten erfreuen kann.
Einst hatten diese Gaststätten abenteuerliche Namen. Der oben erwähnte Professor Meyer hat einige davon gesammelt: Der stramme Hund. Der blutige Knochen. Der jrobe Jottlieb. Verbrecherkeller. Durststillstation. Die sieben Töchter. Der Kuhstall. Der hungrige Wolf. Der schloddrije Jummischuh. Der dolle Hengst.
Sie alle gibt es nicht mehr. Aber eine richtige Berliner Eckkneipe hat auch heute noch ihr Flair – und frische Buletten.

375 g gelbe ungeschälte Erbsen
250 g durchwachsener Räucherspeck
1 TL zerriebener Majoran
1 Lorbeerblatt
½ TL Pfefferkörner
2 Zwiebeln
2 Mohrrüben
2–3 Kartoffeln
1 Stange Porree
30 g Butter
Salz
1 Bund Petersilie

Erbsen über Nacht in kaltem Wasser einweichen, am nächsten Tag im Einweichwasser zum Kochen bringen. Speck, Majoran, Lorbeerblatt und Pfefferkörner dazugeben, die Erbsen zugedeckt 80–90 Minuten bei schwacher Hitze ziehen lassen.
Zwiebeln, Mohrrüben, Kartoffeln und Porree schälen bzw. putzen, waschen und abtropfen lassen. Das Gemüse in kleine Würfel oder dünne Streifen schneiden, in einem Topf in heißer Butter fünf Minuten andünsten. Speck aus den Erbsen nehmen. Gemüse 30 Minuten vor Ende der Garzeit zu den Erbsen geben und garen. Den etwas abgekühlten Speck in große Würfel schneiden und wieder zu den Erbsen geben. Mit Salz abschmecken, das Lorbeerblatt herausnehmen und vor dem Servieren feingehackte Petersilie über die Löffelerbsen streuen. Dazu gibt es Kartoffelpüree.

Löffelerbsen mit Speck

Der Berliner ist durchaus für Suppengerichte zu begeistern – nur dürfen sie nicht zu dünn und zu labbrig sein. Klare Suppen mit Einlage sind also nicht nach seinem Geschmack. Andererseits schwärmt er auch nicht unbedingt für die ganz dicken Eintöpfe. So sind denn auch die Löffelerbsen mit Speck – Löffel deshalb, weil sie mit diesem Gerät verspeist zu werden pflegen – ein Mittelding zwischen einer dünnen Suppe und einem dicken Eintopfgericht, gerade richtig, um sich daran satt zu essen, ohne sich den Bauch zu überfüllen.
Nach einer märkischen Sage wurden die Löffelerbsen im 14. Jahrhundert von einem Zisterziensermönch erfunden und erstmals Kaiser Karl IV. vorgesetzt. Der Kaiser war, so heißt es, begeistert von der herzhaften Zubereitung und ernannte den Mönch zum Dank für seine Kochkunst zum Erzbischof von Magdeburg. Köche hatten damals in fürstlichen Diensten offenbar hervorragende Berufsaussichten, zumal wenn sie in klösterlichen Küchentraditionen bewandert waren.
Berliner Ehemänner scheinen ihren Frauen gegenüber jedenfalls mit Anerkennung für geleistete Kochdienste bedeutend zurückhaltender gewesen zu sein. Da gibt es die berühmte Geschichte von dem Ehemann, der in dreißig Ehejahren alles stumm in sich hineinschlang, was ihm seine Frau vorsetzte. Endlich faßte sich die Frau ein Herz und meinte schüchtern: »Du könntest eigentlich einmal etwas sagen, ob dir das überhaupt schmeckt, was ich koche.« Der Ehemann löffelte weiter, blickte nur kurz von seinem Teller auf und sagte barsch: »Wenn ick nischt sage, schmeckt's.«
Löffelerbsen standen hin und wieder auch auf der Speisekarte für Friedrich II., der preußisch-einfache Kost bevorzugte. Rinderbraten, Koteletts, Schinken, Kraut und Gurken aß der König besonders gern. Er hatte seinem Küchenchef verboten, mehr als acht Gänge zu servieren: »Wer an achten nicht satt wird, der kann auch am achtzigsten nicht satt werden«, war die Begründung.

Schnitzel »Holstein«

4 nicht zu dünne Kalbsschnitzel
40 g Butterschmalz
Salz
weißer Pfeffer aus der Mühle
4 Eier
4 Sardellenfilets
1 Röhrchen Kapern
4 Scheiben Weißbrot
30 g Butter
4 Ölsardinen
4 Scheiben Räucherlachs
1 kleine Dose Kaviar
8 Pfeffergürkchen

Kalbsschnitzel in heißem Butterschmalz braten, salzen und pfeffern, auf vier vorgewärmte Teller verteilen. Eier zu Spiegeleiern verarbeiten, jedes Schnitzel mit einem Spiegelei krönen. Sardellenfilets der Länge nach halbieren, auf jedes Spiegelei kreuzweise zwei Streifen legen, mit Kapern garnieren.
Weißbrotscheiben in Dreiecke schneiden, in einer Pfanne in heißer Butter goldgelb anrösten. Die Brotdreiecke mit Ölsardinen, Räucherlachsscheiben und Kaviar belegen, die Schnitzel damit und mit Pfeffergürkchen garnieren. Dazu gibt es Bratkartoffeln aus rohen Kartoffeln, nach Belieben auch noch gedünstete Champignons, marinierte grüne Böhnchen, Hummerfleischscheiben, Gänseleberpastete oder gedünstete Austern.

Friedrich August von Holstein, nach dem dieses berühmte Schnitzel benannt ist, diente als Diplomat unter vier Reichskanzlern. Er legte niemals Wert auf einen dekorativen Titel, blieb bis zu seiner Entlassung ein schlichter Vortragender Rat. Dafür war seine Macht um so größer. Was die »Graue Eminenz« bescheiden im Hintergrund managte, entschied über das Schicksal von Völkern und ließ im Dienst ergraute Diplomaten erzittern. Ort seiner Politik war nicht nur das Berliner Auswärtige Amt. Er liebte es, Informanten und zu Informierende in privater Umgebung zu treffen. Vor allem das einst berühmte Weinlokal Borchardt an der Französischen Straße in Berlin (heute ist ein HO-Restaurant Lucullus daraus geworden) war Schauplatz seiner berüchtigten »Nebenzimmerpolitik«, die nicht einmal der Kanzler durchschaute.
Bei Borchardt ließ sich der Herr Rat nach allen Regeln der Kunst verwöhnen. Da stimmte einfach alles: das superbe Essen, die Weine, die Bedienung. Nur eines störte bei den »kleinen Diners« der Grauen Eminenz: alle paar Minuten erschien ein dienstbarer Geist, um vorzulegen oder nachzuschenken. Man mußte das vertrauliche Gespräch jedesmal unterbrechen.
Was war dagegen zu tun? Holstein besprach sich mit Hans Popp, dem Küchenmeister bei Borchardt. Der Herr über subtile kulinarische Genüsse wußte einen Ausweg: Arrangieren wir doch einfach die Vorspeisen und das Hauptgericht auf einer Platte. Dann braucht zwischendurch nicht serviert zu werden. Das war die Geburtsstunde des Schnitzels »Holstein«, bestehend aus einer Vielzahl Vorspeisenhappen und einem mit Spiegelei, Sardellen und Kapern garnierten Kalbsschnitzel.
Fortan brauchte der Herr Rat nur noch »mein Schnitzel« zu bestellen. Dazu gab es für ihn eine halbe Flasche Wein – mehr nicht, weil man schließlich für die geheimen Verhandlungen einen klaren Kopf brauchte.
Das Charakterbild des Mannes mit den »Hyänenaugen« und dem grauen Spitzbart schwankt in der Geschichte. Sein Schnitzel blieb uns – es kann sich bis auf den heutigen Tag sehen lassen.

1 Eisbein (etwa 1,5 kg)
Salz
1 Zwiebel, 4 Gewürznelken

Für den Sauerkohl:
2 Mohrrüben, 1 Stange Porree
60 g Schweineschmalz
1 große Dose Sauerkraut
½ TL Kümmel, 4 Wacholderbeeren
1 Lorbeerblatt

Für das Erbspüree:
250 g gelbe Erbsen
1 Bund Suppengrün
1 TL zerriebener Thymian
Salz, 50 g fetter Räucherspeck
1 mittelgroße Zwiebel

Eisbein waschen, in 2–3 l kochendes Salzwasser geben und die geschälte, mit Nelken gespickte Zwiebel hinzufügen. Das Eisbein bei schwacher Hitze in etwa 2 Stunden garen.
Für den Sauerkohl Mohrrüben und Porree putzen und kleinschneiden, in einem großen Topf in heißem Schmalz andünsten. Das Sauerkraut mit den Gewürzen dazugeben und mit einer Gabel auflockern. Etwa ¼ l Eisbeinkochbrühe angießen, das Kraut im geschlossenen Topf in 30 Minuten garen, ohne umzurühren.
Für das Erbspüree die über Nacht eingeweichten Erbsen im Einweichwasser zum Kochen bringen und bei schwacher Hitze in 90–100 Minuten garen. In den letzten 30 Minuten geschnittenes Suppengrün und Thymian mitkochen. Die Erbsen passieren, nochmals aufkochen, kräftig mit dem Schneebesen schlagen und mit Salz abschmecken. Speck fein würfeln und ausbraten. Zwiebel schälen und in Ringe schneiden, im heißen Speckfett goldgelb rösten. Speck und Zwiebel über das in einer vorgewärmten Schüssel angerichtete Erbspüree gießen. Sauerkraut in eine vorgewärmte Schüssel geben und mit dem Eisbein belegen.

Eisbein mit Sauerkohl und Erbspüree

Warum das Eisbein Eisbein heißt, obwohl es sich doch um ein leicht gepökeltes Schweinedickbein handelt, vermeldete vor einigen Jahren die »Berliner Morgenpost«: »Wenn der Berliner sein frisch gepökeltes Eisbein mit Erbsbrei und Sauerkohl verzehrt, dann denkt er wohl kaum daran, was dieses ›Eis‹bein tatsächlich mit Eis zu tun hat. In früheren Jahrhunderten, als man Eisen noch nicht zu Stahl härten konnte, wurden aus den besonders harten Knochen des Schweins Schlittschuhe geschnitzt. Der dafür am besten geeignete Knochen (das Schienbein) war das Eisbein.«
Die Schlesier behaupten, die Eisbeinmode sei von ihnen erfunden worden. Die auf dem Gebiet kulinarischer Urheberschaften sehr anspruchsvollen Berliner erklären demgegenüber, eine Gaststätte am Görlitzer Bahnhof habe diese Spezialität erstmals serviert. Inzwischen gibt es Eisbein überall in deutschen Landen zwischen Flensburg und Garmisch, und nur die Namen unterscheiden sich noch ein bißchen. Nur in Berlin gibt es zum Eisbein außer dem Sauerkohl auch noch Erbspüree, am liebsten nach märkischer Tradition mit Bollenstipp – das sind mit Speck angebratene Zwiebelwürfel. Den Sauerkohl möge man, so ein altes Berliner Kochbuch, auf »gewöhnliche Art« mit Fett, Zwiebel und etwas Mehl zubereiten. Daß das gleiche Buch noch ein Dutzend weitere Sauerkohlrezepte bereithält, vom Sauerkohl mit Krebsen und Hechten bis zum Sauerkohl auf Geudeart (mit einer Teigabdeckung, im Ofen des Bäckers gegart), spricht für die Beliebtheit des Kohls in Berlin.
Im Gegensatz zu unzähligen anderen deutschen Spezialitäten kann man beim Sauerkohl unseren Lieblingsdichter Goethe nicht als Kronzeugen für die Vortrefflichkeit heranziehen – er konnte ihn nicht leiden. Als er einmal doch mit einer Krautportion konfrontiert wurde, flüchtete er ins Nebenzimmer und schlug ein dort liegendes Buch auf, das von Jean Paul stammte. Den mochte er auch nicht. Berühmter Ausspruch: »Erst Sauerkraut und dann Jean Paul – das ist zuviel!«

Kasseler im Teigmantel

1 Paket TK-Blätterteig (300 g)
1,2 kg Kasseler ohne Knochen
5 Wacholderbeeren
1 TL schwarzer Pfeffer aus der Mühle
1 Prise Zucker
60 g Butterschmalz
⅛ l heiße Fleischbrühe
1 Eigelb
1 EL Milch
2 EL Tomatenmark
Salz

Blätterteig nach Packungsvorschrift auftauen lassen. Fleisch kalt abwaschen, mit Küchenkrepp trockentupfen. Wacholderbeeren zerdrücken, mit Pfeffer und Zucker mischen und das Kasseler damit einreiben. Butterschmalz in einer Bratpfanne erhitzen, das Fleisch hineingeben und in 10–12 Minuten von allen Seiten anbraten. Brühe angießen und das Kasseler im vorgeheizten Ofen bei 220° C etwa 15 Minuten schmoren, dann herausnehmen und abkühlen lassen.
Teig zu zwei Platten (etwas größer als das Kasseler) ausrollen. Eine der Platten auf das kalt abgespülte Backblech legen, darauf den abgekühlten Braten geben. Eigelb mit Milch verquirlen und den Teigrand damit bestreichen. Die zweite Teigplatte auflegen und an den Rändern gut festdrücken. Zwei Löcher in die Oberseite der Teighülle schneiden, die restliche Eiermilch aufstreichen.
Das Kasseler 45–50 Minuten im vorgeheizten Ofen bei 200–220° C backen, herausnehmen und auf einer vorgewärmten Platte anrichten.
Bratenfond mit Tomatenmark verfeinern, mit Salz und Pfeffer abschmecken und gesondert zum Kasseler reichen.

Für die Erfindung des gepökelten Kotelettstücks vom Schwein, Kasseler Rippenspeer genannt, können die Berliner – wie in zahlreichen anderen Fällen – ebenfalls einen der Ihren namhaft machen. Der Schlächtermeister Cassel aus der Potsdamer Straße 15 habe dereinst die Idee zu dieser würzigen Zubereitung gehabt. Dagegen helfen auch Proteste aus dem nordhessischen Kassel nichts.
Und weil wir gerade dabei sind: Berliner Ursprungs sollen auch die Berliner Pfannkuchen, der Eiskaffee, die Bockwurst sowie die Bratkartoffeln mit Sülze und Remouladensauce sein, ganz zu schweigen vom Hackepeter, bestehend aus Schweinehackfleisch mit Zwiebeln und Pfeffer, und den Wiener Würstchen. So jedenfalls vermerkt es das vom Berliner Senat herausgegebene Lexikon »Berlin-ABC«, das erstmals 1968 erschien.
Was bei den hohen Herren des Hofes und den Fürstlichkeiten auf den Tisch kam, hat die Berliner einst brennend interessiert. So beschrieb Emil Witte die Programmüberlegungen des Kochs bei Bismarcks:
»Heute haben wir 22 Personen – wat jeben wir da eijentlich? – Da wollen wir erst man von Vatern und Muttern die Leibjerichte uffstellen! – Ochsenschwanzsuppe! – 'n janz verständijer Anfang! – Denn jeben wir Forellen blau, Butter – sehr jut! – denn ne recht scheene Rinderpökelbrust, Sauerkohl, Erbspüree. – Jroßartig, da werden se sich de Finger danach lecken! – Wat nu? – Aha, ick hab's. Jänsebraten, Kompott und Jurkensalat und denn Vatern sein Leibjericht, Appelsinen-Eis! Emil, du übertriffst dir selber. Butter, Käse, Radieschen und Käsestangen for Vatern – Dessert! Denn werden se satt sind!«

Berliner Speise

¼ l Milch
3 Eigelb
1 Vanilleschote
5 Blatt Gelatine
½ l Schlagsahne
60 g Zucker
1 Päckchen Vanillezucker

Milch mit Eigelb verquirlen, Vanilleschote dazugeben. Die Mischung unter ständigem Schlagen mit dem Schneebesen im Wasserbad erhitzen, bis die Masse aufsteigt. Den Topf von der Brennstelle nehmen, die in wenig kaltem Wasser eingeweichte und ausgedrückte Gelatine darin lösen und die Masse abkühlen lassen.
Schlagsahne mit Zucker und Vanillezucker steif schlagen und unter die Speise rühren, wenn sie zu gelieren beginnt. Die Speise in eine mit kaltem Wasser ausgespülte Schüssel füllen und im Kühlschrank erstarren lassen. Kurz vor dem Servieren auf eine Platte stürzen.
Dazu kann man Schokoladen- oder auch Weinschaumsauce reichen.

Speise – damit war früher in Berlin ganz allgemein eine Süßspeise aus Milch, Sahne und Eiern gemeint, verfestigt mit Gelatine. Unser Rezept stammt aus der Küche von Robert von Siemens. Die Damen aus den besseren Häusern pflegten damals ihre Dessertrezepte untereinander auszutauschen – der Phantasie waren keine Grenzen gesetzt – und auch für wohltätige Zwecke zu veröffentlichen.
Eine solche Publikation erschien 1910 unter dem Titel »Perlen der Kochkunst«, zum Besten des Vaterländischen Frauen-Vereins herausgegeben von Nellie von Heimburg. Frau von Heimburg hatte sich auch mit der Bitte um Rezepturen an die (damals noch sehr zahlreichen) Hofküchen in Deutschland gewandt. Besonders stolz war sie auf das ihrem Unternehmen »von Ihrer Majestät der Kaiserin und Königin allergnädigst bewiesene Interesse, welches mich ermutigte, Ihre Majestät um Gewährung einiger erprobter Rezepte aus der Kaiserlichen Hofküche zu bitten«. Hier ein Dessertbeispiel mit dem martialischen Titel »Granaten mit Kirschsauce«, zur allenfallsigen Nachahmung empfohlen:
»Von frischem Kastenbrot entfernt man die braune Kruste und schneidet dann große Würfel von 5 cm Durchmesser, die Kanten werden etwas abgestumpft. Eine Appareille (Zubereitung) von 1 Liter Kochsahne, 5 gelben und 5 ganzen Eiern mit Zitronenzucker, Vanille und wenig Marasquino wird bereitet; damit werden die Würfel übergossen, resp. bei öfterem Umwenden durchtränkt, so daß die Würfel von der Appareille vollständig durchzogen sind. Dann werden dieselben vorsichtig wieder ausgedrückt (nicht zu sehr, sonst ist die Speise später nach dem Ausbacken trocken, statt saftig). Die Würfel haben so durch das Ausdrücken und Formen eine Kugelform erhalten; sie werden zweimal paniert, einmal nur in weißer Semmel, dann in Ei und Semmel und in guter Backbutter ausgebacken; mit schwachem Zimtzucker bestreut und mit einer Kirschsauce, worin einige ganze Kirschen sind, heiß zu Tisch gegeben.«
Soweit das Rezept vom Berliner Hof, aufgezeichnet vom Hofküchenmeister Müller. Dazu guten Appetit.

Mitteldeutschland

Die alten Bezeichnungen der mitteldeutschen Länder sind jüngeren Bundesrepublikanern kein Begriff mehr – auch in der DDR spielen sie kaum noch eine Rolle, seitdem Mecklenburg und Vorpommern, Sachsen-Anhalt, Thüringen und Sachsen in neue Verwaltungsbezirke zerlegt wurden, was natürlich auch für die im vorigen Abschnitt schon behandelte Mark Brandenburg gilt. An den traditionellen Küchenkünsten hat das freilich nichts geändert, so daß hier der besseren Verständigung wegen weiter von der alten Einteilung gesprochen wird. Oder hätten Sie den Bezirk Neubrandenburg auf Anhieb in Mecklenburg gesucht? Auch in der DDR hat man diese Problematik erkannt. Ein Kochbuch der mecklenburgischen Küche, in der Stadt Neubrandenburg erschienen, bietet deshalb eben keine Neubrandenburger Kochvorschriften, sondern originale »Meckelbörger Rezepte«.
Duftende Rostbratwürste und kristallklarer Nordhäuser Korn, kugelrunde grüne Klöße und saftiger Gänsebraten, kräftige Schlachtfestgerichte und delikater Pflaumenkuchen sind die charakteristischen Kennzeichen der thüringischen Küchenlandschaft. Von kulinarischen Experimenten hat man hier noch nie viel gehalten. Es bestand auch keine Veranlassung dazu – das Überlieferte war erprobt, und es schmeckte, was man nicht unbedingt von allen deutschen Landesküchen behaupten kann, auf Anhieb auch dem »Neu-Thüringer«.
Die Erfindung der grünen Klöße wird in Thüringen der Frau Holle zugeschrieben. Daß jemand auf den Gedanken kommen könnte, Kartoffelklöße zu verschmähen, ist für einen Thüringer undenkbar. Der Überlieferung nach kann sich das auch niemand leisten – er muß damit rechnen, daß Frau Holle erscheint, ihm den Bauch aufschneidet und mit Häcksel füllt.
Die 1613 erstmals erwähnte Thüringer Rostbratwurst schmeckt am besten, wenn sie über Tannenreisig oder Kiefernzapfen und Wacholderzweigen gebraten wird. Für ihre Beliebtheit gibt es zahlreiche Belege. Der Dichter Arno Holz reimte beispielsweise einmal: »Auch gäb' ich das ganze Ägäische Meer mit Vergnügen für eine Bratwurst her.«
Damit sind die Möglichkeiten der Fleischküche aber noch lange nicht erschöpft. Schweine- und Rindfleisch werden gleichermaßen geschätzt. Auch Hammel- oder Lammfleisch kommt in diesem Gebiet relativ häufig auf den Tisch. Als kulinarischer Höhepunkt des Jahres wird die mit Äpfeln gefüllte Gans betrachtet. Rotkohl und grüne Klöße dürfen als Beilagen nicht fehlen. Im Gegensatz zu benachbarten Landschaften wird in Thüringen und Sachsen viel Gemüse gegessen. Berühmt sind der Erfurter Blumenkohl und die zarten Frühgemüse aus der fruchtbaren Magdeburger Börde. Aber auch Hülsenfrüchte werden zwischen Harz und Thüringer Wald keineswegs über die Schulter angesehen. Bekannt sind die sauren Linsen, zu denen es entweder Rostbratwürste oder gebratene Rebhühner gibt.
Das ehemalige Königreich Sachsen gilt als vielseitigstes deutsches Kuchenland. Der berühmte Dresdner Christstollen hat die ganze Welt erobert. Zum Stollen und zu zahlreichen anderen Kuchengenüssen gehört natürlich Kaffee, und es darf auf keinen Fall »Bliemchenkaffee« sein, also ein Gebräu, dessen schwacher Aufguß die Blümchen auf dem Tassenboden durchschimmern

läßt. Denn die Sachsen haben auf diesem Gebiet ihre Tradition; schließlich steht in Leipzig eines der ältesten deutschen Kaffeehäuser überhaupt, die 1694 gegründete Lokalität »Zum arabischen Coffeebaum«, und schließlich war es der Leipziger Thomaskantor Johann Sebastian Bach, der mit seiner »Kaffeekantate« als einer der ersten etwas zur musikalischen und literarischen Ehrenrettung des damals bei der Obrigkeit verpönten Türkentranks tat.
Das einst von der Miklinburg (großen Burg) aus regierte Land Mecklenburg hat mit dem Land der Pomeranen (Pommern) auf kulinarischem Gebiet viele Gemeinsamkeiten. In beiden Fällen handelt es sich um Küstenländer, die an die Ostsee grenzen. Beide gehören geographisch zum Bereich der Norddeutschen Tiefebene, einer zum großen Teil fruchtbaren Moränenlandschaft mit zahlreichen Seen und ausgedehnten Wäldern.
Meeres- und Süßwasserfische sind deshalb in beiden Gebieten tonangebend. Die landwirtschaftlich genutzten Regionen liefern neben Getreide, Gemüse und Schlachtvieh vor allem Geflügel. Von einigen »Exportartikeln« abgesehen, ist es der Küche der deutschen Ostseeprovinzen niemals so recht gelungen, über die engeren Grenzen hinaus in andere Landstriche auszustrahlen. Diese »Exportartikel« hatten es dafür aber auch in sich: Gänse, Aale und Flundern aus Mecklenburg und Pommern waren weithin berühmt. Im Vordergrund standen dabei neben den geräucherten Gänsespezialitäten (Spickgans) vor allem Bratgänse. Die Kunst, eine Spickgans fachgerecht zu räuchern, wurde einst in vielen Familien von Generation zu Generation weitervererbt. Die besten Ergebnisse ließen sich mit Buchenholz und Wacholderzweigen erreichen. Den Namen hat die Spickgans übrigens von dem Spieß (Spick), auf den sie zum Räuchern aufgezogen wurde.
Aus Pommern bezogen früher die Feinschmecker in aller Welt neben Gänsen, saftigem Schinken und Rügenwalder Teewurst vor allem die leckeren Oderkrebse. Es gab ihrer so viele, daß man sie schon als Landplage betrachten mußte. Wenn sich im Frühjahr das Oderhochwasser verlief, konnte man die Krebse im Oderbruch zu Tausenden von den Bäumen schütteln. Damals kostete ein Schock Krebse (60 Stück) soviel wie heute ein einziges Krebstier.

600 g Suppenrindfleisch
Salz
1 Zwiebel
1 Bund Suppengrün
2 Mohrrüben
1 Kohlrabi
½ Sellerieknolle
1 Petersilienwurzel
2 Stangen Porree
250 g Wirsingkohl
1 Bund Petersilie

Für die Klößchen:
¼ l Milch, 50 g Grieß
1–2 Eier, Salz
1 Prise geriebene Muskatnuß

Rindfleisch waschen, mit leicht gesalzenem, kaltem Wasser aufsetzen, zum Kochen bringen und bei mittlerer Hitze etwa 60 Minuten kochen.
Gemüse putzen und in Streifen oder Würfel schneiden, zum Fleisch geben und weitere 30 Minuten kochen. Das Fleisch herausnehmen, in Würfel schneiden und wieder in die Suppe geben.
Für die Klößchen Milch aufkochen, den Grieß unter Umrühren einrieseln lassen, bei schwächster Hitze ausquellen. Grießmasse etwas abkühlen lassen, dann das Ei (die Eier) hineinrühren, mit Salz und Muskat würzen. Mit einem Eßlöffel Klößchen abstechen und in der Suppe (oder gesondert in leicht gesalzenem Wasser) gar ziehen lassen. Die Suppe abschmecken und gehackte Petersilie aufstreuen.

Leipziger Gemüsesuppe

Sellerie, Porree und Wirsing dürfen in dieser nahrhaften Rindfleischsuppe nicht fehlen. In Leipzig verfeinert man sie stets mit Grießklößchen, die beim Garen locker aufgehen müssen – enge Verwandte der bayerischen Grießnockerln. Für eine Vorsuppe ist diese Zubereitung zu inhaltsreich. Sie sollte besser als mahlzeitfüllendes Eintopfgericht eingeplant werden.
Berühmter als dieser Suppentopf ist das Leipziger Allerlei. Leider hat dieses hochfeine »Gesellschaftsgemüse« aus der sächsischen Küche im Lauf der Jahrzehnte einen Schlankheitsprozeß durchmachen müssen, der vom Originalrezept nicht mehr viel übrigließ. Was heute in Dosen als Leipziger Allerlei angeboten wird, ist oft nur ein schwacher Abglanz, und auch die Sortierung »extra fein« kann es mit dem »eigentlichen« Allerlei, das man einst »Allerley« schrieb, nicht aufnehmen.
In ein echtes Allerlei gehören jeweils gleiche Mengen Kohlrabi, Erbsen, Karotten, Spargel und Morcheln – wenn Sie wollen, auch noch Blumenkohl. Es soll sich um frisches, junges Gemüse handeln, weshalb man Allerlei möglichst im Frühsommer zubereitet, zu einer Zeit, in der es noch frischen Spargel gibt. Jede Gemüseart wird für sich gegart – in Fleischbrühe mit einem Stich Butter, der Blumenkohl in Milch mit Butterbeigabe. Die Morcheln sollten lediglich in Butter geschmort werden. Außerdem gehören Krebsnasen in das Allerlei und kleine Semmelklößchen. Allerlei ist eine Gemüsebeigabe zu Brathähnchen, Kalbssteak, gekochter Zunge oder dergleichen.
In Sachsen galt einst als erfahrene Köchin, wer vorschriftsmäßiges Leipziger Allerlei zu bereiten verstand, und es heißt, daß manche Heirat nicht zustande kam, weil die Aspirantin bei der Probe unter den Augen der kritischen künftigen Schwiegermutter versagte.

Bratwürste im Schlafrock

2 Pakete TK-Blätterteig (je 300 g)
4 große Rostbratwürste
30 g Schweineschmalz
1 Ei
4 EL Milch

Blätterteig nach Packungsvorschrift auftauen lassen. Die Würste in einer Pfanne in heißem Schweineschmalz kräftig anbraten, abkühlen lassen und quer halbieren.
Den Teig 3 mm dick ausrollen, Rechtecke ausschneiden. Die halbierten Würste in die Teigrechtecke einwikkeln, dabei alle Ränder mit verquirltem Eiweiß bestreichen, die Schnittkanten jedoch frei lassen. Oberseite der Teigpakete mit Eigelbmilch bestreichen. Die Bratwurstpakete auf ein mit kaltem Wasser abgespültes Backblech legen und 25–30 Minuten bei 210–225° C backen, so heiß wie möglich zu Tisch geben. Dazu kann man grünen Salat oder auch eine Salatplatte servieren.

Die Thüringer Rostbratwürste, gut daumendick und spannenlang, werden nicht nur solo mit Senf und Semmel verzehrt, sondern sind auch die Grundlage zahlreicher schmackhafter Gerichte. Sie passen zu Rotkohl und Spargelgemüse, zu Blumenkohl und Kartoffelpüree, zu Leipziger Allerlei und Schwarzwurzeln in Sahne. Man kann sie, wie in Thüringen üblich, sehr gut mit gedünsteten Äpfeln kombinieren. Und schließlich kann man sie auch, wie unser Rezept vorschlägt, in Blätterteig einhüllen und backen – eine Zubereitungsform, die sich mittlerweile in ganz Deutschland durchgesetzt hat.
Bei dieser Gelegenheit fällt mir die Geschichte von Martin Luther und der Bratwurst ein. Als der Reformator einst durch Mitteldeutschland reiste, gelüstete es ihn nach einer delikaten Bratwurst, wie man sie in dieser Gegend schon seit Jahrhunderten zuzubereiten verstand. Er kehrte in einer Schenke bei Erfurt ein, bestellte eine Bratwurst, verzehrte sie mit Senf und Behagen und dachte dabei so sehr an seine reformatorischen Probleme, daß er die Reise fortsetzte, ohne seine Zeche zu bezahlen. Dem Wirt fiel es gar nicht ein, dem prominenten Gast nachzulaufen, um die Bezahlung zu verlangen. Er nahm die Kreide und vermerkte an der Schenkentür, was ihm der Reformator schuldig geblieben war: »Doktor Luther – eine Bratwurst.« Das muß so um 1520 gewesen sein. Die Inschrift sprach sich herum. Der Wirt konnte sich vor Rostbratwurstessern kaum noch retten. Seinen Nachkommen und Urenkeln erging es nicht anders. Immer wieder wurde die Inschrift erneuert.
Da kehrte rund 250 Jahre nach dem bewußten Vorfall ein preußischer Husar in der Schenke ein, las die Inschrift, ergrimmte sichtlich und rief nach dem Wirt. »Sag Er, was kostet bei Ihm eine Bratwurst?« – »Fünfzehn Pfennige«, beschied ihn der Wirt. Der Husar zahlte. »So, und nun lösche Er die Kreide ab! Ich habe für den Doktor Luther bezahlt. Wehe Ihm, wenn Er das wieder hinschreibt!«
So endete eine der erfolgreichsten Public-Relations-Ideen des frühen 16. Jahrhunderts.

750 g Rind- oder Schweinefleisch
Salz
1 Bund Suppengrün
1 kg Zwiebeln
60 g Schweineschmalz
1 TL Kümmel
4 altbackene Semmeln
weißer Pfeffer aus der Mühle
1 Prise Zucker

Fleisch abwaschen, abtropfen lassen, mit Wasser bedeckt aufsetzen, salzen und das geschnittene Suppengrün dazugeben. Das Wasser zum Kochen bringen und das Fleisch bei mittlerer Hitze garen. Brühe durchsieben. Zwiebeln schälen und in Würfel schneiden, in einem Topf in heißem Schmalz kräftig anrösten. So viel durchgesiebten Kochsud dazugeben, daß die Zwiebeln knapp bedeckt sind. Mit Kümmel würzen und die Zwiebelwürfel weich kochen. Semmeln in Scheiben schneiden, mit den Zwiebeln vermengen. 10 Minuten durchkochen und dabei umrühren, bis sich Zwiebeln und Semmeln gut vermischt haben. Das Zwiebelgemüse mit Salz, Pfeffer und Zucker würzen und abschmecken. Fleisch in Scheiben schneiden und auf den Zwiebeln heiß werden lassen.

Sächsisches Zwiebelfleisch

Zwiebelfleisch gibt es auch in anderen deutschen Küchenregionen, etwa in Berlin, wo es als Bollenfleisch auf der Speisekarte steht – aber keins ist so lecker wie das sächsische. Für die Fleischbeigabe gibt es keine bindende Vorschrift: Schweinefleisch oder Rindfleisch oder beides – oder auch Rindfleisch, mit einem schönen Schinkenknochen gekocht.

Zwiebelfleisch und andere bodenständige Gerichte gehörten, wie Zeitgenossen überliefert haben, zu den Lieblingsspeisen von Friedrich August III., des letzten sächsischen Königs, der zwar kein besonders erfolgreicher Herrscher gewesen sein mag, dafür aber ein populärer, der sich nicht in seinem Schloß verkroch, sondern unters Volk mischte und sich im übrigen einen Spaß daraus machte, Probleme mit original sächsischem Palaver elegant zu überspielen.

Das erste Beispiel stammt noch aus der Kronprinzenzeit des späteren Königs. Seine Frau, Louise von Toscana, machte sich mit ihrem italienischen Klavierlehrer Enrico Toselli auf und davon. »Wenigstens hat se den Flieschel dagelassen«, kommentierte der Kronprinz, nachdem der erste Schmerz abgeklungen war. Mit dem »Flieschel« war der Konzertflügel des Palastes, geliefert von der Firma Steinway, gemeint. Auf diesem Flügel dürfte Maestro Toselli die berühmte, nach ihm benannte Serenade komponiert haben, einst das Prunkstück jedes Kaffeehausmusikers und trotz ihrer Süße bis heute nicht totzukriegen.

Mit dem Spruch »Gaiser Garl gonnde geene Gimmelgörner gaun« versuchte der König den bayerischen Gesandten Graf Montgelas in die Schönheiten der sächsischen Sprache einzuführen. Der Versuch mißlang – Montgelas schaffte es zum großen Vergnügen des Königs nicht, die phonetische Delikatesse nachzuvollziehen. Berühmt ist auch der Ausspruch, den der König tat, als er nach seiner Absetzung im Jahre 1918 von seinen Sachsen begeistert verabschiedet wurde: »Ihr seid mer scheene Rebubliganer!«

Thüringer Klöße

1,5 kg rohe Kartoffeln
500 g gekochte Kartoffeln
1/8 l Milch
Salz
1 altbackene Semmel
1 EL Butter

Rohe Kartoffeln schälen, waschen und grob reiben, in ein sauberes Küchentuch geben und kräftig ausdrücken. Gekochte Kartoffeln fein reiben oder durch den Fleischwolf drehen, mit den rohen Kartoffeln vermengen. Milch und Salz dazugeben und alles möglichst rasch zu Kloßteig verarbeiten. Wenn der Teig zu locker ausfällt, etwas Mehl, Grieß oder Semmelmehl hineinarbeiten. Semmel in Würfel schneiden, in einer Pfanne in heißer Butter anrösten. Aus dem Kloßteig mit angefeuchteten oder bemehlten Händen Klöße formen, in jeden Kloß einige Semmelwürfel drücken. Die Klöße in kochendes, leicht gesalzenes Wasser geben, bei mittlerer Hitze in 20–25 Minuten garen.
Thüringer Klöße passen zu Schweine- oder Gänsebraten mit Rotkohl oder Sauerkraut, allgemein zu allen Fleischgerichten mit viel Sauce.

In Thüringen heißt es, beim Essen müsse man die Türen zusperren, um all die auf den Tisch gebrachten Herrlichkeiten in Ruhe genießen zu können. So ernst ist das aber nicht gemeint – im Gegenteil, Thüringer pflegen gastfreundlich ihre Türen für Besucher offenzuhalten. Sie feiern gerne, und wenn wirklich weit und breit kein geeignetes Fest in Sicht war, veranstalteten sie schon mal eine »blinde Kindstaufe«. Dabei gab es alles, was auch bei einem richtigen Tauffest aufgetischt worden wäre – nur war eben kein Kind vorhanden, das man zur Taufe hätte tragen können.
Die grünen Klöße sind im ganzen thüringisch-sächsisch-anhaltischen Großraum weit verbreitet und heißen mal grüne und mal rohe Klöße, mal Hütes oder Höbes, mal ganz einfach Klöß und mal Griegeniffte, was mit »Grüngeriebene« zu übersetzen wäre. Grün heißt in diesem Zusammenhang frisch oder roh, und damit sind die rohen Kartoffeln, der Hauptbestandteil, gemeint. Außerdem gehören noch gekochte Kartoffeln hinein und ein paar geröstete Semmelwürfel. Um sie fachgerecht unterzubringen, drückt man in die schön glatt gerundeten Klöße mit dem Zeigefinger eine Vertiefung, schiebt die Semmelwürfel hinein und verschließt das Loch durch leichtes Zusammendrücken oder Rollen der Klöße.
Die grünen Klöße sind in Thüringen die Standardbeigabe zu Gänse- oder Schweinebraten. Aber natürlich gibt es auch noch andere Klöße in diesem eßfreudigen Land – etwa die Watteklöße, die aus gekochten Kartoffeln, Semmeln und Kartoffelmehl zubereitet werden, ferner die Grießklöße, die nicht in Wasser gegart, sondern in heißem Fett schwimmend gebacken werden – sie werden mit Zimtzucker und Fruchtsauce als Nachtisch serviert.
Ganz anderer Natur sind wiederum die Thüringer Hefeklöße, über Dampf gegart und mit gebräunter Butter übergossen. Sie passen sowohl zu Fleischgerichten mit Sauce als auch zu fruchtigen Saucen oder zu Kompott.

Rebhühner mit Linsengemüse

2 vorbereitete Rebhühner
Salz, weißer Pfeffer aus der Mühle
125 g durchwachsener Räucherspeck
30 g Schweineschmalz
2–3 Zwiebeln
3 Mohrrüben
½ Sellerieknolle
1 Petersilienwurzel
30 g Mehl
½ l Fleischbrühe
4 hauchdünne Scheiben fetter Räucherspeck
350 g Linsen
350 g Kartoffeln
1–2 EL Weinessig

Rebhühner innen und außen abspülen, mit Küchenkrepp trockentupfen, von innen salzen, innen und außen mit Pfeffer einreiben. Räucherspeck fein würfeln, mit Schweineschmalz erhitzen und bei schwacher Hitze ausbraten. Die Grieben herausnehmen und anderweitig verwenden. Rebhühner im Speckfett von allen Seiten kräftig anbraten, herausnehmen und warm stellen.
Zwiebeln, Mohrrüben, Sellerie und Petersilienwurzel schälen bzw. putzen und in kleine Würfel schneiden, im Speckfett anrösten. Mehl überstäuben, leicht anbräunen und mit Fleischbrühe auffüllen. Unter Umrühren aufkochen. Rebhühner mit Speckscheiben belegen, den Speck mit Spießchen feststecken. Die einige Stunden in kaltem Wasser eingeweichten Linsen abtropfen lassen und in die Gemüsebrühe geben. Rebhühner so drauflegen, daß sie zur Hälfte vom Gemüse bedeckt sind. Alles bei milder Hitze 50–60 Minuten garen, dabei die Rebhühner mehrmals wenden.
Kartoffeln schälen, waschen und in feine Würfel schneiden, gesondert in leicht gesalzenem Wasser 5 Minuten kochen, abgießen und 20 Minuten vor Ablauf der Garzeit zum Linsengemüse geben. Bei Bedarf noch etwas Brühe nachgießen.
Rebhühner herausnehmen und in einer vorgewärmten Schüssel warm halten. Die Speckscheiben abnehmen. Das Linsengemüse nochmals durchkochen, mit Essig, Salz und Pfeffer abschmecken, die Rebhühner damit einrahmen.

Linsen sind ein Leib- und Magengericht der Thüringer. Die Alltagsbeilage sind natürlich Thüringer Bratwürste. In der Wildgeflügelsaison reicht man hingegen Rebhühner dazu. Sie sollten so jung wie möglich sein – ältere Vögel taugen nur noch etwas für Pasteten und ähnliche Zubereitungen, bei denen das Fleisch zerkleinert wird.
Hülsenfrüchte wie Linsen, Erbsen und Bohnen, aber auch Reis- und Eintopfgerichte mit längerer Garzeit, wurden in Thüringen und Sachsen früher auf dem Land nach einem besonders sparsamen Verfahren gegart: in der Grude. So hieß eine Vertiefung auf dem Kochherd, die mit heißer Asche gefüllt wurde. In diese Asche stellte man die auf dem Herd nur angekochten Speisen und ließ sie langsam gar werden. Das dauerte drei bis vier Stunden.
Später wurden spezielle Grudeherde konstruiert, die mit Grudekoks beheizt wurden, einer Art Schwelkohle, die billig war und nur glimmend brannte, also auch nur recht schwache Hitze verbreitete.

Mecklenburger Gänsebraten

(8 Personen)

1 bratfertige Gans (etwa 5 kg)
Salz
Streuwürze
weißer Pfeffer aus der Mühle

Für die Füllung:
400 g entsteinte und eingeweichte Backpflaumen
200 g eingeweichte getrocknete Apfelringe
50 g Rosinen
50 g Korinthen
6 EL Semmelmehl
½ TL gemahlener Zimt
1 TL Zucker
abgeriebene Schale ½ Zitrone

Die vorbereitete Gans innen und außen salzen, mit Streuwürze und Pfeffer einreiben. Für die Füllung Backpflaumen mit Apfelringen, Rosinen, Korinthen und Semmelmehl mischen, mit Zimt, Zucker und Zitronenschale würzen und abschmecken.
Füllung in die Gans geben und die Öffnung mit Küchengarn zunähen. Die Gans mit der Brustseite nach unten in eine Bratpfanne legen und ¼ l kochendes Wasser angießen, in den vorgeheizten Backofen schieben und 120 bis 150 Minuten bei 200° C braten, zwischendurch mit Bratenfond oder heißem Wasser beschöpfen.
Die fertige Gans auf einer vorgewärmten Platte anrichten. Bratenfond aufkochen (bei Bedarf noch etwas heißes Wasser oder Brühe dazugeben), entfetten und mit Salz und Pfeffer abschmecken; nach Belieben mit etwas kalt angerührter Speisestärke binden.
Zum Mecklenburger Gänsebraten gibt es rohe Kartoffelklöße, gedünstete Maronen und Apfelmus.

Backpflaumen und getrocknete Apfelringe füllt man in Mecklenburg in die Gans, vermischt mit Rosinen und Korinthen. Das ist nur eine von vielen Möglichkeiten, mit einer Gans und ihren Bestandteilen etwas anzufangen. In Mecklenburg und im benachbarten Pommern gibt es unzählige Gänsegerichte, wobei nicht einmal der Gänsebraten im Vordergrund steht – mit dem wird fast jeder fertig. Origineller noch sind viele Rezepte für die weniger beliebten Gänseteile.
Das beginnt schon beim Gänseklein, das man in einer dunklen Mehlsauce zu kochen pflegt, die gut gewürzt und säuerlich abgeschmeckt sein muß. Eine alte Tradition hat das Gänse-Schwarzsauer, ebenfalls aus Gänseklein zubereitet, in diesem Fall aber mit Backobst angereichert, mit Gänseblut angedickt und mit Mehlklößchen verfeinert.
Gänseklein bildet aber auch die Grundlage einer Sülze, die unter dem Namen Gänse-Weißsauer bekannt ist.
Die besseren Teile der Gans, vor allem die Brust, werden in Mecklenburg seit jeher geräuchert. Obwohl es dabei nichts zu spicken gibt, heißt das Endergebnis Spickbrust oder Spickgans: mit »Spick« ist der beim Räuchern verwendete Spieß gemeint. Zum Einpökeln eignet sich dagegen der Gänsemagen. Fein gerieben, mit gehackten Zwiebeln, Essig und Gewürzen vermengt, wird ein Brotaufstrich daraus, der als geriebener Gänsemagen in den Kochbüchern steht. Zu erwähnen ist schließlich auch noch die Mecklenburger Gänseleberpastete, die es mit der Konkurrenz aus Straßburg durchaus aufnehmen kann. Außer Gänseleber und -herz kommt Kalbfleisch hinein – und ein paar Trüffeln dürfen auch nicht fehlen.
Zum Schluß noch ein Mecklenburger Spruch: »De Buern sünd ümmer untaufräden – sünd blot grot Kartüffeln wussen, hebbt se keen lütt för de Swin.« Übersetzt: Die Bauern sind immer unzufrieden – sind nur große Kartoffeln gewachsen, haben sie keine kleinen für die Schweine.

750 g gemischtes Hackfleisch
(Rind und Schwein)
2–3 altbackene Semmeln
75 g durchwachsener Räucherspeck
2 Zwiebeln
2–3 Eier
schwarzer Pfeffer aus der Mühle
Salz
1 Prise zerriebener Majoran
1 Messerspitze gemahlener Koriander
3 EL Semmelmehl
2 EL Schweineschmalz
125 g fetter Speck
⅛ l Fleischbrühe
⅛ l saure Sahne

Hackfleisch mit den eingeweichten, gut ausgedrückten Semmeln mischen. Räucherspeck in feine Würfel schneiden, in einer Pfanne bei schwacher Hitze ausbraten. Zwiebeln schälen, fein würfeln und im Speckfett glasig werden lassen. Abgekühlte Zwiebeln mit Speckwürfeln und Speckfett zum Hackfleisch geben und die Eier einarbeiten, mit Pfeffer, Salz, Majoran und Koriander würzen.
Aus dem gut abgeschmeckten Fleischteig einen länglichen, brotlaibähnlichen Kloß formen, mit Semmelmehl bestreuen und in eine gut gefettete Bratpfanne legen. Den Hackbraten mit hauchdünnen Speckscheiben belegen oder mit kurzen Speckstreifen spicken, 15 Minuten im vorgeheizten Ofen bei 220° C anbraten, dann in 40–50 Minuten bei 200° C fertigbraten. Zwischendurch portionsweise die Fleischbrühe übergießen, 10 Minuten vor der Fertigstellung den Hackbraten mit Sahne überziehen. Alufolie auflegen, falls das Hackfleisch zu schnell bräunt.
Zum falschen Hasen passen Kartoffel- und Gurkensalat oder auch Rotkohl und Salzkartoffeln.

Falscher Hase

Wenn Ihnen in Leipzig sächsische Forellen angeboten werden, bekommen Sie in Wirklichkeit grüne Heringe. So ähnlich ist es mit dem falschen Hasen. Er hat mit Wildfleisch nichts zu tun, es handelt sich dabei schlicht um einen Hackbraten. Man kann ihn vorwiegend aus Hackfleisch zubereiten, so man hat. Man kann aber auch erkleckliche Semmelmengen hineinmogeln, wenn sparsam gewirtschaftet werden soll.
Damit der falsche Hase nicht zu trocken gerät, pflegt man ihn mit Speckstreifen zu spicken oder mit hauchdünnen Speckscheiben abzudecken. Sie können den Braten aber auch in ein Schweinenetz einwickeln, das Ihnen Ihr Metzger auf Bestellung sicherlich gerne zurücklegen wird. Das Netz hält den Braten zusammen, sorgt für gleichmäßiges Bräunen und übernimmt außerdem die nötige Fettzufuhr an den Außenflächen.
Der klassische falsche Hase, zu dem es meist Kartoffelsalat oder einen anderen Salat gibt, besteht »durchgehend« aus Fleischteig. Man kann ihn aber auch füllen – etwa mit gekochten Eiern, längs halbierten Porreestangen oder Pilzen. Dann wird er zu einer Delikatesse.
Eine andere mitteldeutsche Hackfleischzubereitung heißt Knäzchen und kommt aus der Mansfelder Gegend. Das Knäzchen besteht aus gut gewürztem Schweinehackfleisch und dient als Brot- oder Brötchenaufstrich, der, mit Senf bestrichen, nicht nur zum Frühstück, sondern auch bei vielen anderen Gelegenheiten schmeckt. Wenn man auch noch Bier und Nordhäuser Korn dazu reicht, heißt die Kombination Nordhäuser Frühstück. Sie erinnern sich: Nordhausen ist die Stadt der Kornbrenner.
Aus gewürztem Thüringer Mett, gemischt mit Käse- und Zwiebelwürfeln und gehackten Kräutern, kann man eine ausgezeichnete Partybäckerei herstellen. Belegen Sie dazu den Boden einer Springform mit einer Hefe- oder Mürbteigschicht. Darauf wird die Mettfüllung gestrichen. Mit einer zweiten Teigplatte decken Sie die Füllung zu und backen die Pastete schön goldgelb. Sie paßt am besten heiß oder kalt zu Bier und Wein.

500 g gekochte Kartoffeln
250 g Magerquark
2 Eier
65 g Mehl
75 g Zucker
1 Prise Salz
½ TL gemahlener Zimt
abgeriebene Schale einer Zitrone
75 g Korinthen
Ausbackfett
4 EL Zucker
1 TL gemahlener Zimt

Kartoffeln fein reiben oder durch den Fleischwolf drehen, in einer Schüssel mit Quark, Eiern, Mehl und Zucker verkneten, mit Salz, Zimt und Zitronenschale würzen. Korinthen überbrühen, mit Küchenkrepp abtrocknen und mit dem Teig vermengen. Mit einem Eßlöffel Klöße abstechen, etwas flach drücken und in heißem Ausbackfett schwimmend goldbraun backen. Auf Küchenkrepp abtropfen lassen, mit Zimtzucker bestreut servieren.
Zu den Quarkkeulchen gibt es in Sachsen Apfelmus oder kühles Kompott.

Sächsische Quarkkeulchen

Ob die Quarkkeulchen wirklich Keulchen heißen oder vielleicht doch Keilchen, ist selbst bei waschechten Sachsen umstritten. Wenn es sich weder um kleine Keulen noch um Keile handelt – vielleicht ist dann »Käulchen« die richtige Schreibweise? Oder vielleicht sollte man es so machen wie jene Rezeptautorin, der alle drei Schreibweisen nicht recht geheuer waren und die sich deshalb kurzerhand für »Quarkteilchen« entschied.
Wie dem auch sei, nicht nur um die korrekte Bezeichnung kann es in Sachsen heftige Debatten geben, sondern auch hinsichtlich der Herkunft der Quarkbäckerei (aus Sachsen? aus der Lausitz? aus Dresden? aus Leipzig? oder doch aus Schlesien?) und natürlich im Hinblick auf das einzig richtige Rezept, das es natürlich nicht gibt. Denn Quarkkeulchen waren ursprünglich ein Armeleuteessen, eine Art Resteverwertung mit übriggebliebenen gekochten Kartoffeln vom Vortag und preiswertem Quark. Zur feinen sächsischen Spezialität wurden sie erst viel später hochstilisiert.
Quarkkeulchen schmecken am besten heiß, frisch aus der Pfanne, mit Zimtzucker bestreut, dazu Kompott aus Pflaumen, Kirschen, Stachelbeeren oder Rhabarber oder auch aus Backobst. Besonders gut paßt Apfelmus dazu. Sie können Quarkkeulchen als Nachtisch reichen oder als Hauptgericht, etwa mit einer leichten Suppe vorweg.
Die Dresdner Version geht von Hefeteig aus, der mit Quark, Butter, Zucker und Gewürzen verfeinert wird. Aus dem gegangenen Teig werden mit einem Eßlöffel Klößchen abgestochen und in heißem Fett schwimmend gebacken. Man kann aber auch Teigkugeln in die Vertiefungen einer Setzeier- oder Pfitzaufpfanne geben und im Backofen goldgelb backen. Auch in diesem Fall wird Kompott oder Apfelmus als Beilage empfohlen. In Dresden heißen die Gebäckstücke übrigens nicht Quark-, sondern Käsekeulchen.

Für den Teig:
500 g Mehl
30 g Hefe
75 g Zucker
¼ l Milch
100 g Butter
1 Ei
½ TL Salz
abgeriebene Schale 1 Zitrone
1 Prise Muskatblüte, Fett für das Blech

Für den Belag:
½ l saure Sahne, 5 Eier
75 g Zucker, 1 Päckchen Vanillezucker
125 g Butter, 125 g Rosinen
60 g gehackte Mandeln

Mehl in eine Backschüssel geben, in der Mitte eine Vertiefung eindrücken, die zerbröckelte Hefe mit 1 TL Zucker hineingeben, mit etwas lauwarmer Milch übergießen und mit wenig Mehl verrühren, so daß ein flüssiger Vorteig entsteht, der zugedeckt und warm gestellt 30 Minuten gehen muß.
Vorteig mit den übrigen Teigzutaten zu einem glatten Hefeteig verarbeiten, kräftig mit dem Rührlöffel schlagen oder mit den Knethaken des Handrührgeräts durcharbeiten, bis sich der Teig von der Schüsselwand löst. Zugedeckt 30 Minuten gehen lassen. Den Teig ausrollen, ein gefettetes Backblech damit belegen, ringsherum einen Rand ausformen, nochmals kurz gehen lassen.
Für den Belag Sahne mit Eiern, Zucker, Vanillezucker und dem erwärmten, aber nicht flüssigen Fett verrühren, im Wasserbad oder auf dem Herd bei niedrigster Schaltstufe unter ständigem Schlagen mit dem Schneebesen zu einer dicklichen Creme verarbeiten.
Den Hefeteig damit überziehen, mit überbrühten und abgetropften Rosinen und gehackten Mandeln bestreuen.
Die Eierschecke 30–35 Minuten bei 200–210° C backen, etwas abkühlen lassen und in Stücke schneiden.

Dresdner Eierschecke

Die Eierschecke, vor allem im Süden des einstigen Königreichs Sachsen verbreitet, steht hier stellvertretend für die zahllosen Spezialitäten des »Kuchenlandes Sachsen«, wo man einst Kuchen dieser Art auf ländlichen Festen quadratmeterweise verputzte und viele »Schälchen Heeßen« dazu trank, und zwar kräftigen Kaffee, der auf keinen Fall die Blumenmuster am Boden der Tasse durchscheinen ließ – sonst hätten die lieben Gäste das Gebräu als »Bliemchenkaffee« verspottet.
Andere Herrlichkeiten, die man in Sachsen besonders lecker zu backen verstand (und versteht), sind der Butter- oder Zuckerkuchen, der Bienenstich und der Streuselkuchen. Dazu kommen viele saftige Obstkuchen, an der Spitze Apfel- und Zwetschgenkuchen. Sie sind auch das Lieblingsgebäck im benachbarten Thüringen, wo Kuchen mit Obstbelag oft noch einen zusätzlichen »Guß« aus Sahne bekommen, der beim Backen eine goldbraune Haut bildet.
Aus Tharandt, unweit von Dresden, stammen die heute weit verbreiteten Dominosteine. Sie lassen sich dort seit dem 18. Jahrhundert nachweisen. Mit ihnen entfernt verwandt sind die besonders mürben Leipziger Pfeffernüsse. Beide Gebäckarten spielen vor allem in der Weihnachtszeit eine große Rolle – wie auch die vielfältigen Christstollen, für die Sachsen unangefochten das Urheberrecht beanspruchen darf. Die ersten Stollen wurden um die Mitte des 15. Jahrhunderts in der Küche des Schlosses Hartenstein bei Torgau gebacken. Dresdner Christstollen waren schon lange vor der Erfindung der Eisenbahn ein beliebter Versandartikel. Je länger sie unterwegs waren, desto besser schmeckten sie. »Ihr lyblicher Wolgeschmack hat trotz weyter Ryse und vil Fahrnyssen nit gelitten«, heißt es in einem alten Bestätigungsbrief.
Mit dem Namen Torgau verbunden sind auch die »Sparbrötchen«, schlichte Hefeteigbrötchen von Nußgröße. Sie werden zur Erinnerung an eine Teuerung gebacken, von der die Stadt Torgau an der Elbe im Jahre 1868 heimgesucht wurde. Ähnliche Spargebäcksorten gibt es auch in anderen Gegenden.

250 g Butter
250 g Zucker
1 Päckchen Vanillezucker
5 Eier
abgeriebene Schale ½ Zitrone
1 EL Rum, 50 g geriebene Mandeln
125 g Mehl
125 g Speisestärke
1 gestrichener TL Backpulver

Für die Glasur:
200 g Blockschokolade
3 EL Wasser
2 Päckchen Vanillezucker
50 g Kokosfett

Butter sahnig rühren, nach und nach unter kräftigem Rühren Zucker, Vanillezucker, Eigelb, Zitronenschale, Rum und Mandeln dazugeben. Mehl mit Speisestärke und Backpulver mischen, unter ständigem Rühren portionsweise mit der Eiercreme verarbeiten. Eiweiß sehr steif schlagen und vorsichtig unterziehen.
Eine Kastenform mit Backpapier ausfüttern, eine dünne Teigschicht hineingeben und im vorgeheizten Backofen bei 185–195° C bei verstärkter Oberhitze (Form möglichst hoch einschieben) leicht durchbacken und nur hellbraun werden lassen (in 4 bis 6 Minuten).
Die nächste Teigschicht daraufgeben, weiterbacken und so fortfahren, bis der Teig verbraucht ist (etwa 12 bis 14 Schichten). Für den Guß Schokolade raspeln, mit Wasser und Vanillezucker auflösen. Kokosfett erhitzen, wieder abkühlen lassen und mit der Schokolade vermengen. Den etwas abgekühlten Baumkuchen stürzen und mit der Glasur überziehen.

Salzwedeler Baumkuchen

Der Baumkuchen wurde in der altmärkischen Stadt Salzwedel erfunden. Das originelle Backverfahren – der Teig wird schichtweise über offenem Feuer auf einer Walze gebacken – läßt sich im Haushalt nicht verwirklichen. Mit unserem Rezept kann man aber ein ganz ähnliches Ergebnis erzielen.
Der Baumkuchen, nicht etwa wegen seines baumförmigen Äußeren so benannt, sondern weil er auf einem walzenförmigen, bis zu zwei Meter langen »Baum« gebacken wird, läßt sich schon im 16. Jahrhundert nachweisen und hieß damals noch Spießkuchen oder auch Prügelkrapfen. Hier ein Originalrezept aus einem im Jahre 1800 erschienenen Kochbuch: »18 Eierdotter werden erstlich mit einem Pfunde Butter zum Schaum geschlagen, und darauf mit einem Pfunde Mehl, einem Pfunde Zucker, mit gestoßenem Gewürze und Zitronenschale gut durchgerührt. Ist dies geschehen, so wird der hölzerne Baum oder Kegel an einen kleinen Bratspieß gesteckt, feste gemacht, mit weißem Linnen übernähet, an das Feuer gelegt und mit Butter begossen. Nun wird auch das Weiße von den 18 Eiern zu Schaum geschlagen und zu dem Teig gerührt, der so flüssig bleiben muß, wie zum Pfannkuchen. Ist der Kegel am Spieße nun heiß, so wird er mit der Klare (dem Teig) begossen und so geschwinde herumgedrehet, daß es zackigt wird. Dieses geschiehet so lange, bis alles angebacken ist. Endlich wird er vorsichtig abgenommen, mit Zucker bestreuet, und das oberste Ende glacirt.«
Dem ungenannten Autor des Kochbuches scheint klar gewesen zu sein, daß nicht jede Hausfrau bereit war, das umständliche Verfahren mit dem Baum zu praktizieren. Deshalb lieferte er gleich ein Rezept für Baumtorte mit, das unserer Backvorschrift weitgehend ähnelt. Da Backöfen damals noch nicht überall in Gebrauch waren, schlug er vor, die Baumtorte in einer Tortenpfanne zu backen. Das war damals eine Deckelform in Tortengröße, die man direkt in die Glut des offenen Herdfeuers stellen konnte. Für die Oberhitze sorgte eine Kohlenschaufel voll Glut, die auf den Deckel gehäuft wurde.

Ostgebiete

Kochen die Schlesier, die Ost- und Westpreußen, die Hinterpommern, die ihre angestammte Heimat nach dem Zweiten Weltkrieg an Polen und die Sowjetunion verloren, noch nach den überlieferten Rezepten? Diese Frage kann man getrost bejahen. Die kulinarischen Traditionen des ehemals deutschen Ostens sind nicht untergegangen, sie leben in den Familien der Heimatvertriebenen weiter – wogegen unklar ist, ob es im Osten, an Ort und Stelle, noch Spuren dieser kulinarischen Überlieferungen gibt.
Schlesien, das Land zu beiden Seiten der Oder, wurde einst von Siedlern aus vielen deutschen Ländern kultiviert. Sie alle beeinflußten die Entwicklung der schlesischen Kochkunst, die trotzdem nicht zu einem bunten Konglomerat wurde: In Schlesien verstand man es seit jeher, nach dem Grundsatz »prüfet alles und das Beste behaltet« zu handeln.
Schlesisches Nationalgericht ist unbestritten das schlesische Himmelreich aus Räucherspeck und Backobst. Mit dieser Spezialität sind die Hefeklöße mit Pflaumensauce eng verwandt. Aus dem benachbarten Polen bürgerten sich in Schlesien einige Gerichte ein, deren Namen noch heute ihren Ursprung verraten: die Dschur genannte Suppe aus Sauerteig und der Sauerkrauteintopf Bigosch. Polnischen Ursprungs sind auch der Karpfen mit polnischer Sauce und die aus roten Beten zubereitete Suppe.
Zu den Feiertagsgenüssen zählte in Schlesien der Schweinebraten. Unter der Woche kam meist nur gekochtes Schweinefleisch auf den Tisch. In Verbindung mit Sauerkraut und Klößen schmeckte es besonders delikat. Der Schlesier Gerhart Hauptmann berichtete in seinen Jugenderinnerungen, wie er um 1862 als Achtjähriger beim Fuhrmann Krause in Obersalzbrunn zum Mittagessen bleiben durfte. Alle saßen um den gescheuerten Tisch und langten mit der Gabel in die Gemeinschaftsschüssel aus Bunzlauer Ton. »Niemals später genoß ich wiederum solches Sauerkraut«, bekannte Hauptmann.
Drei Zutaten wurden in der schlesischen Küche von alters her höher eingeschätzt als in anderen Gegenden: das Leinöl, für das der verbreitete Flachsanbau die Grundlage lieferte und das in armen Familien oft die einzige Fettquelle war, der Quark, der kaum in einer anderen Landschaftsküche so vielseitig verwendet wird wie in der schlesischen, und der Mohn, Grundlage leckerer Süßspeisen und Backwaren, beispielsweise der Mohnklöße und des Mohnstriezels.
Wie im benachbarten Sachsen gab es auch in Schlesien mancherlei namhaftes Gebäck: Streuselkuchen und Bienenstich, Fastenringe und Käsekuchen, dazu die Liegnitzer Bomben aus inhaltsreichem Honigteig, die in viele Länder der Welt exportiert wurden. Unter den hochprozentigen Getränken dominierten Kräuterbitter und Fruchtsaftliköre, so der Stonsdorfer aus dem Riesengebirge und die Kroatzbeere aus dem Eulengebirge. Beide werden heute in der Bundesrepublik hergestellt.
Die Vorliebe für Fleisch und Sahne, hierzulande Schmand genannt, verbindet den Ostpreußen mit dem Pommern auf der einen und dem Balten auf der anderen Seite. Darüber hinaus wird ihm eine besondere Vorliebe für Suppen nachgesagt. Eintopfgerichte, delikate Aufläufe und zahlreiche Quarkspeisen runden das Bild ab.
Am bekanntesten wurden weit über Ostpreußen hinaus die in einer lecke-

ren Sauce schwimmenden Königsberger Klopse. Die Königsberger Fleck aus Rinderkaldaunen spielten dagegen nur an Ort und Stelle eine Rolle. Über ihre Erfindung berichtet eine alte Geschichte: Einst im grauen Mittelalter gab es zwischen den Zünften der Schneider und der Fleischer zu Königsberg eine harte Auseinandersetzung. Es kam so weit, daß die Fleischer die Meister der Nadel nicht mehr mit Fleisch beliefern wollten. Zum Spott überließen sie den Schneidern nur die Eingeweide der geschlachteten Rinder. Doch die Schneider wußten sich zu helfen. Sie kochten aus dem »Abfall« ein achtbares Gericht, das heute noch jedem Kenner das Wasser im Mund zusammenlaufen läßt – eben die Königsberger Fleck.

Ostpreußischer Herkunft sind auch der geräucherte Schweinskopf, Schupniß genannt, die Schusterpastete als eine Art Resteauflauf, die mit Schweinerippchen gekochte Sauerkrautsuppe und die zahlreichen Klöße, hier als Keilchen bezeichnet.

Einer der besten Kenner der ostpreußischen Küche war der Philosoph Immanuel Kant. Seine Vorliebe für Küchenprobleme ging so weit, daß er sich mit Frauen am liebsten über dieses Thema unterhielt, auch wenn sie gekommen waren, um dem Schöpfer des kategorischen Imperativs zu lauschen – und nicht dem Haushaltsvorstand Kant.

Räucherfische aus der Ostsee, aus Flüssen und Seen wurden früher von Ostpreußen aus in alle Welt verschickt: Aale, Flundern und Bücklinge aus der Ostsee, Neunaugen aus der Memel und Maränen aus Nikolaiken, jene zarten und duftigen Verwandten der Forelle, die in den Gewässern der Masurischen Seenplatte zu Hause sind.

Neben Bier und Wein (vor allem Rotwein) überwiegen in Ostpreußen die scharfen Getränke – kein Wunder bei den niedrigen Wintertemperaturen. Ostpreußischer Bärenfang, ein origineller Honigschnaps, und Danziger Goldwasser, ein Likör, in dem zarte Goldplättchen schwimmen, haben internationalen Ruf. Auch der Machandel, ein duftender Wacholderbranntwein, war über Ostpreußen hinaus bekannt.

Unter den süßen Spezialitäten muß das Königsberger Marzipan erwähnt werden, das im Gegensatz zum Lübecker mit Rosenwasser zubereitet wird.

350 g frischer Sauerampfer
30 g Mehl
30 g Butter
3/4 l Fleischbrühe
1/4 l saure Sahne
Salz
1 Prise Zucker
1 Prise geriebene Muskatnuß
1 Eigelb

Für die Einlage:
1 TL Salz
2 EL Essig
4 Eier

Sauerampfer verlesen, gründlich unter fließendem Wasser waschen, abtropfen lassen oder ausschleudern und grob hacken. Mehl in heißer Butter hellgelb werden lassen. Den Sauerampfer dazugeben und unter ständigem Umrühren halbgar dünsten. Fleischbrühe angießen und acht Minuten bei mittlerer Hitze durchkochen. Sahne hinzufügen, mit Salz, Zucker und Muskatnuß würzen. Topf von der Brennstelle nehmen und das verquirlte Eigelb hineinrühren, nicht mehr zum Kochen bringen.
In einem anderen Topf 1 l Wasser mit Salz und Essig aufkochen. Die Eier einzeln in eine Schöpfkelle schlagen und vorsichtig in das kochende Wasser gleiten lassen, in 4–5 Minuten garen. Eier mit einem Schaumlöffel herausheben, die Ränder glatt schneiden, auf Suppenteller verteilen und mit Suppe auffüllen.

Ostpreußische Sauerampfersuppe

Suppen mit frischen Kräutern gehörten in Schlesien wie in Ostpreußen einst zu den Lieblingsgerichten der Frühlingszeit. Berühmt ist die Kräutersuppe aus mindestens sieben selbst gesammelten Kräutern vom Löwenzahn bis zum Spitzwegerich. Am Gründonnerstag durfte sie nicht fehlen. Mit ihr verwandt ist die Wurzelsuppe aus Mohrrüben, Sellerie, Porree und Petersilienwurzeln.
Die Sauerampfersuppe gab es in zwei Versionen: als Vorsuppe mit verlorenen Eiern, wie sie unser Rezept beschreibt, und als eine Art Eintopf, zusätzlich mit Kartoffeln und Rindfleischwürfeln befrachtet. Den nötigen Sauerampfer gab es wildwachsend an Bachläufen, Feldrändern und Böschungen. Hin und wieder wurde er aber auch in einer kultivierten Form im Garten gezogen.
»Hat den Namen vom sauren Geschmack«, notierte Lonicerus in seinem Kräuterbuch. Das stimmt auch – Sauerampfer schmeckt sauer und bitterlich. Aber die Bezeichnung »Sauerampfer« ist gleich doppelt sauer. »Ampfer«, von einem schwedischen Wort abgeleitet, bedeutet »sauer«, die wörtliche Bedeutung von »Sauerampfer« ist demnach »Sauersauer«. Tabernaemontanus, ein anderer Kräuterfachmann, hielt in seinem dickleibigen Werk fest: »Saurampffer ist ein gut Kuchenkraut Sommerszeit zu den Salsen (Saucen), zeucht ein wenig zusammen ... So ein Mensch einen Unlust hätte zu essen, welcher Gebrechen aus Hitz oder Cholera entstünde, der brauche Saurampffer mit Weineßig, das erwecket und bringet wiederum ein Lust zu essen.«
In der Küche verwendet man Sauerampfer nur frisch, beispielsweise für Suppen wie diese, aber auch für Saucen, mit Quark oder Joghurt vermischt als Brotaufstrich. In manchen Gegenden wird Sauerampfer auch wie Spinat zubereitet. Und der »Wasserdoktor« Kneipp verkündete: »Sauerampfer ist nicht nur ein gutes Heilmittel, sondern auch eine vorzügliche Kost für Kranke, da er das Blut reinigt und verbessert.«

Karpfen mit polnischer Sauce

1 großer frischer Karpfen (etwa 1,2 kg)
2 Zwiebeln
2 Mohrrüben
½ Sellerieknolle
3 Gewürznelken
1 Lorbeerblatt
¾ l dunkles Bier
50 g Butter
2 EL Zucker
1 EL Mehl
100 g Saucenlebkuchen
150 g Rosinen
150 g Mandeln
1–2 EL Weinessig
Salz
weißer Pfeffer aus der Mühle

Karpfen schuppen, sorgfältig ausnehmen (dabei die Galle nicht verletzen), unter fließendem Wasser abspülen. Kopf und Schwanz wegschneiden. Zwiebeln, Mohrrüben und Sellerie putzen und grob schneiden, mit Gewürznelken, Lorbeerblatt, Karpfenkopf und -schwanz in einen Topf geben und das Bier angießen. Zum Kochen bringen und 30 Minuten bei mittlerer Hitze kochen, dann durchsieben.
Butter in einem Topf erhitzen, Zucker und Mehl dazugeben und mittelbraun anschwitzen, den Fischsud dazugeben und 10 Minuten durchkochen. Geriebenen Saucenlebkuchen, Rosinen und gestiftelte Mandeln mitkochen, die Sauce mit Essig, Salz und Pfeffer abschmecken. Den in Portionsstücke zerteilten Karpfen hineingeben und bei schwacher Hitze in etwa 20 Minuten gar ziehen lassen.
Dazu gibt es Salz- oder Petersilienkartoffeln oder Kartoffelklöße und Gurkensalat.

Schlesien war vor dem Zweiten Weltkrieg der größte Karpfenlieferant Deutschlands. Aus den schlesischen Teichen kamen über fünfzig Prozent des Bedarfs. Kein Wunder, daß die schlesische Küche zahlreiche Rezepte für Karpfen kennt. Die Spitze hält unbestritten der Karpfen mit polnischer Sauce. Er gehörte einst zu den Weihnachtsgerichten, und zwar nicht nur als Leckerbissen, sondern auch als Glücksbringer. Eine Karpfenschuppe im Geldbeutel sorgte dafür, daß das Kleingeld niemals ausging. Und die Gräten wurden in manchen ländlichen Gegenden unter Obstbäumen vergraben, sie sollten für eine reiche Ernte im nächsten Jahr sorgen.
Der Karpfen, bei uns heute der mit Abstand am weitesten verbreitete Süßwasserfisch, stammt aus Asien und kam vermutlich auf dem Weg über Osteuropa zu uns. Sein Name besagt allerdings etwas anderes. Die lateinische Bezeichnung, Cyprinus, bedeutet »der Zyprische«. Freilich ist es unwahrscheinlich, daß der Karpfen aus Zypern stammt. Bei den Römern war er der Venus geweiht und galt als Symbol der Fruchtbarkeit: Ein Karpfenweibchen kann bis zu eine Million Eier legen. Weniger leistungsfähig sind die Männchen. Ihre Samen leben nur 100 Sekunden lang. Deshalb pflegen Züchter jedem weiblichen Karpfen zwei bis drei männliche zuzuordnen.
Um 1070 gab es den Karpfen im Bodensee als »Klosterfisch«. Mönche verbreiteten die Wissenschaft von der Karpfenzucht in alle Gegenden. Um 1339 legte der Deutsche Orden in Ostpreußen zahlreiche Karpfenteiche an. Heute kommen große Mengen dieses Fisches aus Ober- und Niederbayern, Franken und Schleswig-Holstein. Weil die eigene Produktion aber längst nicht ausreicht (unter anderem deshalb, weil drei Viertel aller deutschen Karpfenteiche im Osten verlorengingen), werden Karpfen für die Küche importiert, und zwar vor allem aus Jugoslawien, Ungarn – und aus Polen, dem Ursprungsland unseres Rezeptes.

Königsberger Klopse

250 g Rinderhackfleisch
250 g Kalbshackfleisch
2 altbackene Semmeln
50 g fetter Räucherspeck
4 Sardellenfilets, 1 Zwiebel, 1 Ei
Salz, weißer Pfeffer aus der Mühle
1 Prise geriebene Muskatnuß
Für den Sud:
¾ l Fleischbrühe
1 Lorbeerblatt, 1 kleine Zwiebel
½ TL Pfefferkörner, 4 Pimentkörner
Für die Sauce:
30 g Butter, 30 g Mehl
1 Röhrchen Kapern
Saft ½ Zitrone, ½ TL scharfer Senf
1 Prise Zucker, 2 Eigelb, 2 EL Sahne

Hackfleisch mit den eingeweichten und ausgedrückten Semmeln vermengen. Speck, Sardellenfilets und Zwiebel fein hacken, mit dem Ei zum Hackfleisch geben, mit Salz, Pfeffer und Muskat würzen. Die Masse kräftig durcharbeiten. Klopse mit 4–5 cm Durchmesser formen. Fleischbrühe mit Lorbeerblatt, grob geschnittener Zwiebel, Pfeffer- und Pimentkörnern aufkochen, die Klopse darin bei schwacher Hitze in etwa 20 Minuten garen, herausnehmen und warm stellen. Kochsud durchsieben. Für die Sauce Butter erhitzen und das Mehl darin anschwitzen. ½ l Kochsud angießen, gründlich umrühren und fünf Minuten kochen. Kapern dazugeben, mit Zitronensaft, Senf und Zucker abschmekken, nochmals fünf Minuten kochen. Eigelb mit Sahne verquirlen und in die von der Brennstelle genommene Sauce rühren. Die Klopse hineingeben, alles in eine vorgewärmte Schüssel füllen. Dazu gibt es Salzkartoffeln, außerdem nach Belieben Salzdillgurken und marinierte rote Beten.

Klopse sind kleine, originell gewürzte Fleischkugeln, in einer pikanten Sauce angerichtet. In Ostpreußen heißen sie saure Klopse oder auch Soßklopse. Sie galten ursprünglich als bäuerliches Sonntagsgericht und eroberten sich weit über Ostpreußen hinaus viele Freunde. Leider ging es ihnen so wie vielen anderen Spezialitäten, die weltweit verbreitet wurden: das Endprodukt wurde dem Originalrezept immer unähnlicher, und wenn man die ostpreußische Küche nach dem beurteilt, was einem hier und da als »Königsberger Klopse« vorgesetzt wird, möchte man verzweifeln. Nicht weniger originell als die Klopse sind die ebenfalls aus Königsberg stammenden »Rinderfleck«. Dabei handelt es sich um Rinderkutteln oder -kaldaunen. Sie schmecken auch dem Nicht-Ostpreußen ausgezeichnet, verlangen aber nach dem Originalrezept eine umständliche Zubereitung mit fünf- bis sechsstündiger Kochprozedur. Man greift deshalb besser auf vorgekochte Fleck zurück, die viele Metzger vorrätig halten, und stellt das Gericht im Dampfkochtopf fertig – dann ist mit etwa einer Stunde auszukommen.

500 g Schweinenacken oder -bauch
125 g durchwachsener Räucherspeck
50 g Schweineschmalz
2–3 Zwiebeln
1 Knoblauchzehe
2 Mohrrüben
1 großer Apfel
350 g Kartoffeln, 500 g Sauerkraut
¼ l Fleischbrühe
1 EL Zitronensaft
Salz, ½ TL Kümmel
1 Prise zerriebener Majoran
1 Lorbeerblatt
3 Wacholderbeeren
125 g Knoblauchwürste
1 Bund Petersilie

Schweinefleisch und Speck würfeln, in heißem Schmalz rundherum kräftig anbraten. Zwiebeln schälen und fein hacken, Knoblauchzehe zerdrücken, Mohrrüben schaben und würfeln, Apfel schälen, vom Kernhaus befreien und in dünne Scheiben schneiden, alles zum Fleisch geben und 3–4 Minuten andünsten. Kartoffeln schälen und würfeln, mit dem zerpflückten Sauerkraut ebenfalls in den Fleischtopf geben. Fleischbrühe angießen, mit Zitronensaft, wenig Salz, Kümmel, Majoran, Lorbeerblatt und Wacholderbeeren würzen. Bigosch im zugedeckten Topf bei schwächster Hitze 90 bis 100 Minuten garen. Knoblauchwürste in Scheiben schneiden und in den letzten 30 Minuten mitgaren. Lorbeerblatt herausnehmen, den Eintopf abschmekken und die gehackte Petersilie aufstreuen.

Oberschlesischer Bigosch

Dieser nahrhafte Eintopf aus Schweinefleisch, Sauerkraut und Kartoffeln ist polnischen Ursprungs, worauf schon der Name hindeutet (polnisch: Bigos), war im südlichen und östlichen Schlesien aber einst weit verbreitet und wurde nach eigenen Vorstellungen abgewandelt: mit oder ohne Räucherspeck, Knoblauch und Knoblauchwurst, Äpfeln und Pilzen. Man kann, wie vorgeschlagen, alles in einem großen Topf garen und muß dann nur darauf achten, daß die Zutaten in der Reihenfolge ihrer Garzeiten hinzugefügt werden. Es ist aber auch möglich, die Hauptzutaten gesondert zu garen und erst zum Schluß in den großen Topf zu geben. Die erste Methode ist zünftiger, zumal ein Bigosch um so besser schmeckt, je länger er auf dem Herd steht. Die verschiedenen Geschmacksvarianten haben dann mehr Zeit, sich miteinander zu verbinden. Am besten gerät Bigosch übrigens im Backofen.
Nicht weniger beliebt war einst das schlesische Nationalgericht Häckerle, auch Heringshäckerle genannt, zubereitet aus Salzheringen, gekochten Eiern, Äpfeln und Zwiebeln, angemacht mit saurer Sahne und Gewürzen. Die Bezeichnung stammt vom Hacken der Zutaten ab – als Zerkleinerungsgerät dient im allgemeinen das Wiegemesser, man kann die Zutaten aber auch durch den Fleischwolf drehen und bekommt dann eine breiartige Masse, die sich als Brotaufstrich oder Beigabe zu Kartoffelpuffern eignet. In der gehackten Form ißt man Heringshäckerle zu frischen Pellkartoffeln oder auch zu einfachem dunklem Brot. Das ursprünglich schlichte und anspruchslose Gericht wird im Zeitalter der immer selteneren und teureren Heringe allmählich zu einer Delikatesse. Aber auch schon vor einigen Jahrzehnten meinte ein Spötter, Heringshäckerle sei nur etwas für arme Leute – und dann natürlich für die ganz feinen.

Ostpreußische Schusterpastete

750 g gekochte Kartoffeln
60 g Schweineschmalz oder Öl
Salz
weißer Pfeffer aus der Mühle
300 g gare Fleischreste
2 Zwiebeln
2 Gewürzgurken
2 gewässerte Salzheringe
etwas Fett für die Form
250 g gares Sauerkraut oder Weißkraut
¼ l saure Sahne
30 g Mehl
50 g Reibkäse
50 g Butter

Kartoffeln schälen, in Scheiben schneiden, in heißem Schmalz oder Öl knusprig braten, dabei salzen und leicht pfeffern. Fleisch in Würfel schneiden. Zwiebeln schälen und fein hacken. Gewürzgurken in dünne Scheiben schneiden. Heringe in Würfel schneiden. Eine ofenfeste Form fetten, die Zutaten – auch das Sauer- oder Weißkraut – lagenweise abwechselnd hineingeben, mit einer Kartoffelschicht abschließen. Sahne mit Mehl verquirlen und übergießen, Reibkäse aufstreuen und Butterflöckchen aufsetzen. Die Schusterpastete im vorgeheizten Backofen etwa 45 Minuten bei 200° C backen, heiß in der Form servieren.
Dazu gibt es frischen Salat, nach Belieben auch eine würzige Tomatensauce.

Für die Schusterpastete gibt es viele Rezepte. Je nach Geldbeutel und Geschmack kann man eine reine Heringspastete daraus machen, Geflügel-, Schlachtfleisch- oder Wildreste mitverwenden oder auch ein buntes Durcheinander in die Form schichten. Der Name deutet auf die Anspruchslosigkeit des Grundrezeptes hin – was nach dem Schuster, der sich hauptsächlich mit dem Reparieren von Schuhen beschäftigte und deshalb kein reicher Mann werden konnte, benannt war, mußte preiswert sein. Damit ist natürlich keineswegs gesagt, daß eine Schusterpastete nicht ausgezeichnet schmecken kann.
Hauptbestandteil ist seit jeher die Kartoffel, die im einstigen Preußen schon früh eine Rolle spielte. Dafür sorgten schon die preußischen Könige, allen voran Friedrich II., der nichts unversucht ließ, seine Bauern für die einstweilen noch recht exotische Knolle zu begeistern. Weil gutes Zureden nichts half, ließ er Kartoffeln von Amts wegen anbauen und die Felder nachts von seinen Grenadieren bewachen. Nun wurden manche Bauern hellhörig – was so scharf überwacht wurde, mußte schließlich etwas wert sein. Sie gruben heimlich ein paar Stauden aus und verpflanzten die Kartoffeln auf die eigenen Äcker.
Als 1756 der Siebenjährige Krieg ausbrach, waren die Kartoffeln in Preußen schon fest etabliert, und es gibt Historiker, die die Meinung vertreten, es sei überhaupt die Kartoffel gewesen, die Friedrich den Großen diesen Krieg gewinnen ließ. Denn die eigenen Getreidevorräte reichten nicht aus, Österreich und Rußland jedoch hatten die Getreidezufuhr gesperrt. So blieb die Kartoffel als einzige Ausweichnahrung.
Während des Siebenjährigen Krieges lernte übrigens auch der Mann die Kartoffel kennen, der sie später in Frankreich populär machte: Antoine Auguste Parmentier, Apotheker in französischen Diensten, geriet in preußische Gefangenschaft und wurde mit »Kartoffeln satt« gefüttert. Fortan widmete er sein Leben der Kartoffelpropaganda.

Schlesisches Himmelreich

250 g gemischtes Backobst
400 g magerer Räucherspeck oder Kasseler
1 EL Zucker
1 TL Zitronensaft
½ TL gemahlener Zimt
1 Prise gemahlener Piment
2 TL Speisestärke

Backobst am Vorabend gründlich waschen, in kaltem Wasser einweichen. Am nächsten Tag Räucherspeck oder Kasseler in gut ½ l kochendes Wasser geben, etwa 40 Minuten bei mittlerer Hitze kochen. Abgetropftes Backobst, Zucker, Zitronensaft, Zimt und Piment dazugeben, aufkochen und bei schwacher Hitze weitere 30 Minuten garen. Die Sauce mit kalt angerührter Speisestärke binden und abschmecken. Fleisch herausnehmen und in Scheiben schneiden. Backobst mit Sauce in eine vorgewärmte Schüssel füllen und das Fleisch darauf anrichten.
Dazu passen Hefe-, Semmel- oder Kartoffelklöße.

Backobst mit gekochtem Räucherspeck – das ist eine Delikatesse, bei deren Genuß sich ein Schlesier tatsächlich wie im Himmel vorkommen muß. »Wer das Himmelreich nicht kennt, der hat umsonst gelebt«, sagen die Schlesier und meinen ihr Nationalgericht, von dem es übrigens eine Menge Abwandlungen gibt. Wichtig ist nur, daß Backobst und Räucherspeck oder auch Rauchfleisch stets die Grundlage bilden. Sie gehen eine unnachahmliche Geschmacksverbindung ein, die nicht nur dem Schlesier schmeckt. In ländlichen Haushalten waren einst selbstgeräuchertes Fleisch und selbstgetrocknete Apfelspalten und Zwetschgen die Grundlage des Gerichtes. Beides gibt es heute nicht mehr – aber auch aus gekauften Zutaten kann man echtes schlesisches Himmelreich zubereiten.
In der Verwandtschaft dieser beliebten Speise sind die schlesischen Hefeklöße angesiedelt, die über Dampf gegart und entweder mit Fleisch und Sauce oder mit süßer Pflaumensauce, Zucker und Zimt serviert werden. Sie bestehen aus schlichtem Hefeteig, der gut aufgegangen sein muß. Aus ihm werden Klöße geformt, die nochmals gehen müssen. Besonders wichtig ist der nun folgende Arbeitsgang. Ein breiter Topf wird zur Hälfte mit leicht gesalzenem Wasser gefüllt, das zum Kochen gebracht wird. Über den Topf spannt man ein sauberes Mulltuch oder eine große Serviette. Das Tuch wird mit einem kräftigen Bindfaden festgebunden, es darf nicht durchhängen. Auf das Tuch werden die Klöße gelegt und mit einer umgestülpten Schüssel zugedeckt. In etwa 15 Minuten sind die Klöße gar. Sie sehen glatt und appetitlich aus. Zum Servieren reißt man sie mit zwei Gabeln so auf, daß sie ausdampfen können. Heiß und frisch müssen sie auf dem Teller landen.

250 g frisch gemahlener Mohn
3/8 l Milch
75 g Zucker
125 g Rosinen
75 g Mandeln
abgeriebene Schale einer Zitrone
4–5 altbackene Semmeln
1/4 l Milch
1 EL Zucker
1 Prise gemahlener Zimt

Mohn mit kochender, gezuckerter Milch übergießen. Rosinen überbrühen, Mandeln abziehen und hacken, beides zum Mohn geben, abgeriebene Zitronenschale zufügen und 4–5 Minuten unter ständigem Umrühren (die Masse brennt leicht an) erhitzen und dicklich einkochen. Semmeln in fingerdicke Scheiben schneiden, in heißer, gezuckerter und mit Zimt gewürzter Milch einweichen. Lagenweise abwechselnd Mohnmasse und Semmelscheiben in eine Schüssel füllen, mit Mohnmasse abschließen. Die Speise gut gekühlt servieren.
Zu den Mohnklößen kann man Vanillesauce oder mit Vanillezucker aromatisierte Schlagsahne reichen.

Schlesische Mohnklöße

Von Klößen kann bei dieser herrlichen Nachspeise eigentlich gar nicht die Rede sein. Es handelt sich eher um eine Schichtspeise aus Mohnmasse und eingeweichten Semmelscheiben. Wenn man davon mit einem Eßlöffel Portionen absticht, kommt die Kloßform freilich zum Vorschein. Aber darüber sollten wir uns nicht den Kopf zerbrechen – »Mohkließla« sind nun einmal etwas Delikates, und in Schlesien gehörten sie früher zu den Weihnachtsspezialitäten, die ebensowenig fehlen durften wie die Plätzchen und der Weihnachtsbaum.
In keiner anderen deutschen Regionalküche spielt der Mohn eine so große Rolle wie in der schlesischen. Hier wie in Thüringen wurde er in großem Umfang angebaut. Heute bekommen die Bundesrepublikaner ihren Mohn aus Ostfriesland, Württemberg und Baden, außerdem aus den Niederlanden, Bulgarien, Griechenland und der Türkei. Wichtige Anbaugebiete sind auch in Nordafrika und Vorderindien zu finden. In den ausländischen Mohnregionen gilt das Opium (aus der unreifen Fruchtkapsel) als Hauptprodukt, die Mohnsaat ist nur ein mehr oder weniger willkommenes Nebenerzeugnis. Mohnsamen enthalten praktisch keine narkotischen Stoffe.
Schon in alten Kräuterbüchern wird Mohnsaat als Speisezutat erwähnt, vor allem als Gewürz, das dem Brot einen »süßen, lieblichen Geschmack« verleiht. Der Mohn wurde damals Magsamen, Ölmagen oder auch Ölsamen genannt, ein Zeichen dafür, daß die Pflanze als Öllieferant eine große Rolle spielte.
Außer den Mohnklößen, die es auch in Berlin (als Mohnpielen) gibt, hat der schlesische Mohnstriezel größere Bedeutung. Dabei handelt es sich um eine Art Stollen, der mit einer Mohnmischung gefüllt wird. Die winzigen Samenkörner – etwa eine Million davon ergeben erst ein Pfund – schmecken nicht nur nußähnlich-angenehm, sie gelten in Schlesien auch als Symbol der Fruchtbarkeit.

Ostpreußische Apfelkeilchen

60 g Butter
50 g Zucker
3 Eier
500 g Mehl
etwa 3 EL Milch
50 g gemahlene Mandeln
abgeriebene Schale einer Zitrone
500 g säuerliche Äpfel
Salz
60 g Butter
2 TL gemahlener Zimt
3 EL Zucker

Butter mit Zucker und Eiern schaumig rühren, nach und nach Mehl und so viel Milch dazugeben, daß ein fester Kloßteig entsteht. Mandeln und abgeriebene Zitronenschale hineinarbeiten.
Äpfel schälen, vom Kernhaus befreien und in feine Würfel schneiden, mit dem Teig vermengen. Den Teig 15 Minuten ruhen lassen, mit einem Eßlöffel Klöße abstechen und in schwach gesalzenes, kochendes Wasser geben, bei mittlerer Hitze garen. Die Keilchen abtropfen lassen, mit zerlassener, gebräunter Butter und Zimtzucker servieren.

Apfelkeilchen gehörten zu den Lieblingsgerichten des großen ostpreußischen Philosophen Immanuel Kant, der nicht nur ein scharfsinniger Denker war, sondern auch ein erfolgreicher Gastgeber, der seine Freunde mit ostpreußischen Spezialitäten bewirtete. Da er als Philosoph systematisch vorzugehen gewöhnt war, legte er sich eine Kartei seiner Stammgäste zu, auf deren Karten genau vermerkt war, wer wann bei ihm speiste und was dabei auf den Tisch kam. So vermied er, daß ein Gast zweimal hintereinander das gleiche vorgesetzt bekam. Den Küchenherd bediente er, unterstützt von seiner Haushälterin, häufig selbst – zu einer Ehefrau brachte er es zeit seines Lebens nicht, obwohl er in dieser Beziehung durchaus guten Willens gewesen zu sein scheint. Als ihm eines schönen Tages einfiel, er könnte einer einstigen guten Freundin doch einen Heiratsantrag machen, setzte er sich in die Kutsche und machte sich auf den Weg zur Wohnung der Auserwählten. Aber die Dame war längst verheiratet.
»Keilchen« ist die ostpreußische Bezeichnung für Klöße oder kloßähnliche Gebilde aus entsprechendem Teig. Neben den Apfelkeilchen gibt es beispielsweise die Glumskeilchen, deren Teig mit Quark (Glumse) angemacht wird, oder die Flutschkeilchen aus Kartoffelmasse. Sie sind klein und länglich von Gestalt, so »flutschen« sie besser die Kehle hinab. Zu den Flutschkeilchen gibt es Spirkel, das sind ausgebratene Speckwürfel, die in diesem Fall mit Zwiebelwürfeln angeröstet und über die Keilchen gegossen werden.
Die ostpreußische Gastfreundschaft war legendär – wenn ein Gast schon nach dem zweiten Teller kapitulierte, pflegte die Hausfrau die Stirn zu runzeln. Immer wieder wurde der Gast genötigt, doch noch zuzugreifen, und wenn das beim besten Willen nicht mehr ging, bekam er noch ein wohlverpacktes »Schmeckerleckschen« mit nach Hause.

Schlesischer Prasselkuchen

1 Päckchen TK-Blätterteig (300 g)
125 g Mandeln
3 Eiweiß
150 g Zucker

Für die Streusel:
125 g Zucker
125 g Butter
½ TL gemahlener Zimt
200 g Mehl

Blätterteig nach Packungsvorschrift auftauen lassen, 5 mm dick ausrollen und etwa 6×9 cm große Rechtecke ausschneiden. Mandeln abziehen und reiben, mit steifgeschlagenem Eiweiß und 150 g Zucker zu einer streichfähigen Masse vermengen und die Teigrechtecke damit überziehen.
125 g Zucker, Butter, Zimt und Mehl mischen und zu Streuseln verkneten und zerbröseln (bei Bedarf etwas mehr Mehl nehmen). Die Teigrechtecke damit belegen, auf ein mit kaltem Wasser abgespültes Backblech setzen und 25–30 Minuten bei 210–220° C backen.

Das Backen von Prasselkuchen (beim Hineinbeißen mußte es »prasseln«, also angenehm krachen) überließ die schlesische Hausfrau im allgemeinen lieber dem Bäcker – der Blätterteig als Unterlage für den Kuchen machte zuviel Arbeit. Mit tiefgefrorenem Teig läßt sich das berühmte Rezept aber heute leicht verwirklichen.
Alte Vorschriften für Blätter- oder Butterteig machen deutlich, wie umständlich man vorgehen mußte. Das beginnt schon bei der Wahl der Zutaten und des Zubereitungsraumes: »Zum Gelingen eines Butterteiges ist es nothwendig«, schrieb eine Kochbuchautorin vor hundert Jahren, »daß man feines, trockenes Mehl und feste, fette, süße Butter nimmt und daß man den Teig an einem kühlen Orte (im Keller) macht oder auf Eis gelegt rasten läßt. Personen, welche heiße Hände haben, gelingt Butterteig nicht.«
Zuerst wird der Teig geknetet, dann auch die Butter. »Wenn die Butter sehr fest ist, muß man auch den Teig fester machen, als wenn sie nicht fest ist. Nachdem der Teig recht zart geworden ist und unter der Hand schnalzt, gibt man ihm die Gestalt eines Brotes und läßt ihn, mit einem Tuche bedeckt, ¼ Stunde rasten. Man treibt ihn dann zu einem Vierecke aus, legt die mit einem Tuche abgetrocknete Butter darauf, schlägt den Teig darüber zusammen und klopft ihn mit dem Rollholze etwas breit, damit keine Luft darin bleibt und die Butter gleich vertheilt ist.«
Nun wird der Teig ausgerollt, wieder zusammengeschlagen, erneut ausgerollt – und so fort, insgesamt vier- bis fünfmal. Zwischendurch, so empfiehlt die Autorin, muß der Teig immer wieder auf Eis oder über Nacht im Keller gekühlt werden. Dann erst kann mit dem Formen und Backen der Gebäckstücke begonnen werden.
Da haben wir es heute doch bedeutend leichter. Vielleicht regt Sie das dazu an, es einmal mit dem Prasselkuchen aus Schlesien zu versuchen.

Register

Bildquelle

Sämtliche Abbildungen in diesem Buch wurden exklusiv arrangiert und aufgenommen von Hans-Joachim Döbbelin, Schwäbisch Gmünd